超易上手

象棋中局谋子战术训练

刘锦祺　编著

化学工业出版社

·北京·

图书在版编目（CIP）数据

超易上手：象棋中局谋子战术训练/刘锦祺编著. —北京：化学工业出版社，2022.5

ISBN 978-7-122-40979-9

Ⅰ.①超… Ⅱ.①刘… Ⅲ.①中国象棋-中局 (棋类运动)

Ⅳ.①G891.2

中国版本图书馆CIP数据核字（2022）第042021号

责任编辑：杨松森　　　　　　　　装帧设计：李子姮
责任校对：王　静

出版发行：化学工业出版社（北京市东城区青年湖南街13号　邮政编码100011）
印　　装：大厂聚鑫印刷有限责任公司
880mm×1230mm　1/32　印张6½　字数200千字　2022年7月北京第1版第1次印刷

购书咨询：010-64518888　　　　　售后服务：010-64518899
网　　址：http://www.cip.com.cn

定价：49.80元

前言

在象棋中除让子棋外，一盘棋开始的时候，双方各自的十六枚棋子俱在，处于河界两边成对称排列。但双方走到终局时，在枰面上存在的子力数量会发生非常大的变化，并且大概率是不再对等的。出现这样的情况，主要是双方子力发生了不对等的交换，或者一方通过谋子战术获得了子力上的优势。因此我们可以说，谋子是对弈过程中永恒的主题，且是双方实战能力的重要体现形式之一。

从棋理的角度来看，在一个子力交换过程或者战术运用过程中，一方获得物质上的利益，均可以称为谋子。从谋子的形式上可以分为四种情况：（1）白吃对方子力；（2）以子力价值小的子力换到对方子力价值大的子力；（3）利用将军、做杀等威胁使对方被迫送吃子力；（4）过河兵（卒）主动换取对方大子。从谋子战术手段上又可以分为：动子直接吃子、通过将军吃子、抽吃子力、在完整的子力交换过程中得子等。

本书依据谋子的结果进行分类训练，共分五章，均设定红方为进攻方。其中前四章（谋车、谋马、谋炮、谋士象及过河卒）为单主题的谋子训练，第五章综合训练则是把前四章的内容混合起来的训练，不再指出谋子的具体兵种。全书共有600局训练题，每题的难度在 2 回合到 7 回合之间，回合数量在题下用"★"表示。

考虑到谋子是一个完整的战术过程，不能简单认为吃掉对方子力就结束了，还要考虑到本方是否有其他子力被吃，本方吃子的棋子能否逃离，本方吃子后有没有被杀的可能等。因此本书在提供参考答案时，并不是仅到吃到子就结束，往往会根据得子后的局面再推演几步，就是我们常说的吃子后局面必须安全。这一点，在难度系数中也有体现，读者朋友在推演过程中，也要注意到这一点，在一些题目中，可能实际得子时的回合数少于提示中的指定数量。

提升象棋水平从来没有捷径，唯有练习再练习。但这并不意味着一场接一场的实战对局。在我们训练解决问题的能力时，每天做一些针对性强的习题，让自己保持对于局面中机会的敏锐嗅觉，往往比一味地盲目实战更有价值。

希望本书能够帮助大家更好地建立谋子的意识，在实战中快速建立子力优势，从而有效提升技战术水平。

刘锦祺

目 录

第一章 谋车

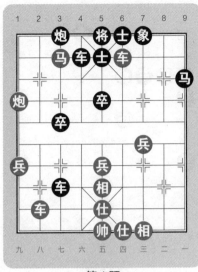

第1题
难度系数 **

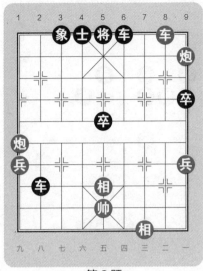

第2题
难度系数 **

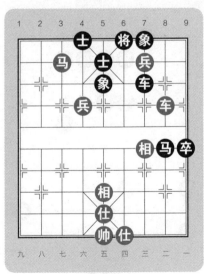

第3题
难度系数 **

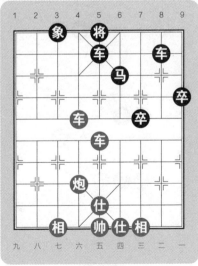

第4题
难度系数 **

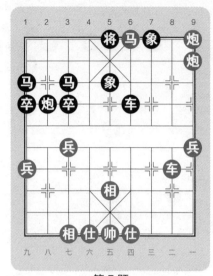

第 5 题
难度系数 **

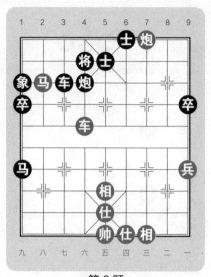

第 6 题
难度系数 **

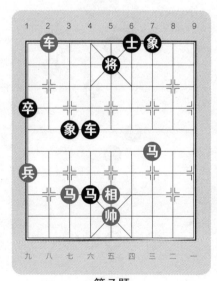

第 7 题
难度系数 **

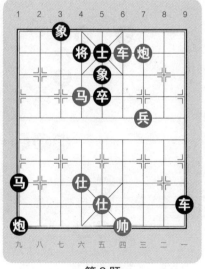

第 8 题
难度系数 **

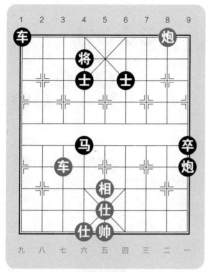

第 9 题

难度系数 **

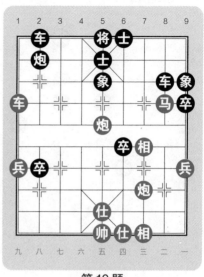

第 10 题

难度系数 **

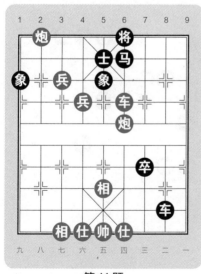

第 11 题

难度系数 **

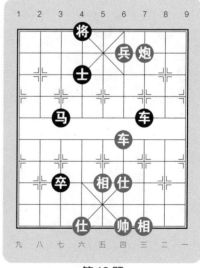

第 12 题

难度系数 **

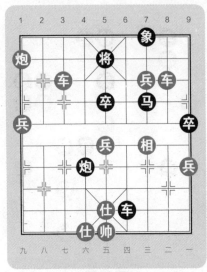

第13题
难度系数 **

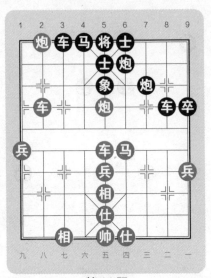

第14题
难度系数 **

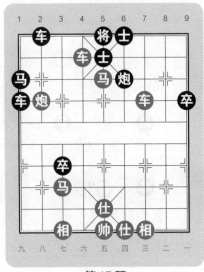

第15题
难度系数 **

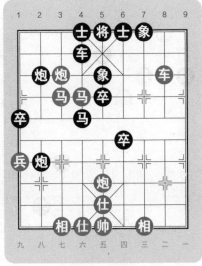

第16题
难度系数 **

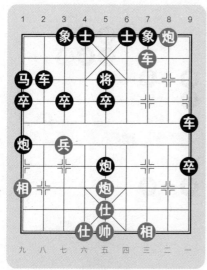

第17题
难度系数 **

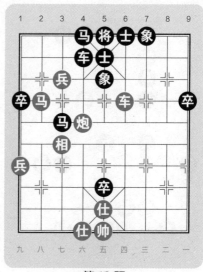

第18题
难度系数 **

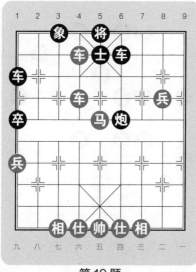

第19题
难度系数 **

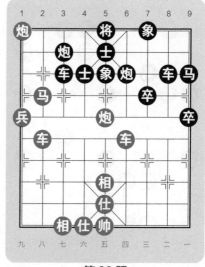

第20题
难度系数 **

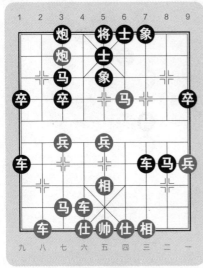

第21题
难度系数 **

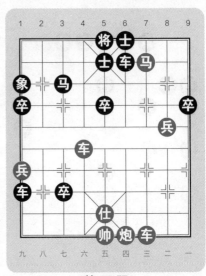

第22题
难度系数 **

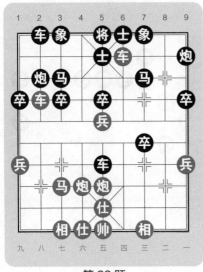

第23题
难度系数 **

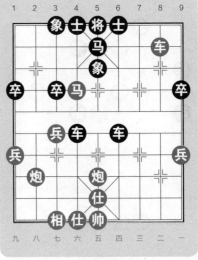

第24题
难度系数 **

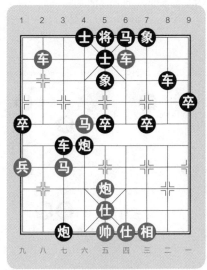

第 25 题
难度系数 **

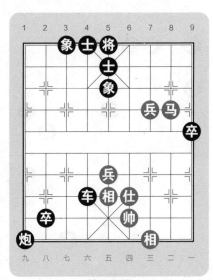

第 26 题
难度系数 **

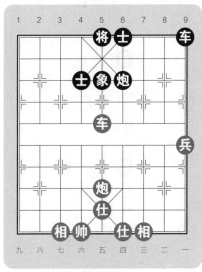

第 27 题
难度系数 **

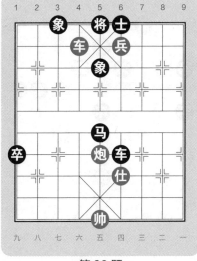

第 28 题
难度系数 **

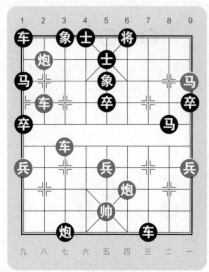

第29题
难度系数 **

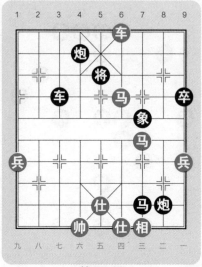

第30题
难度系数 ***

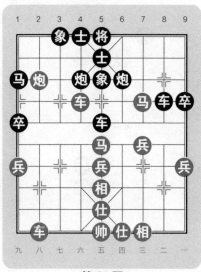

第31题
难度系数 ***

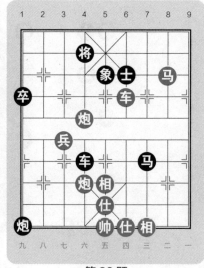

第32题
难度系数 ***

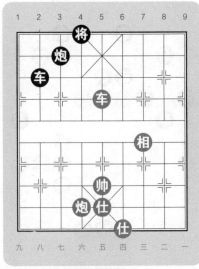

第33题
难度系数 ***

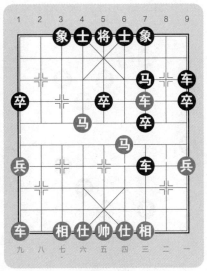

第34题
难度系数 ***

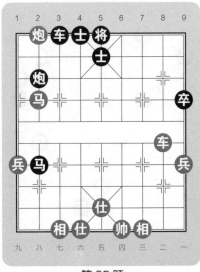

第35题
难度系数 ***

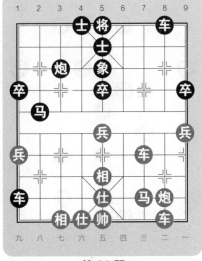

第36题
难度系数 ***

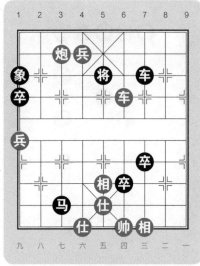

第37题
难度系数 ***

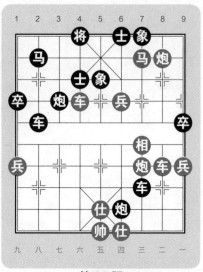

第38题
难度系数 ***

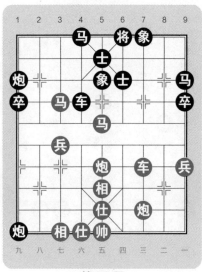

第39题
难度系数 ***

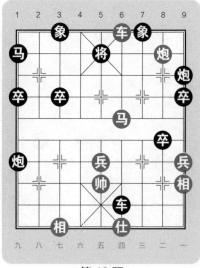

第40题
难度系数 ***

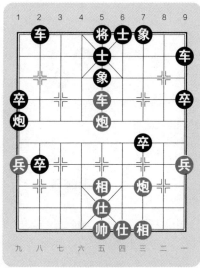

第 41 题
难度系数 ***

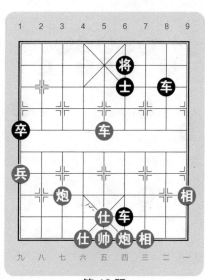

第 42 题
难度系数 ***

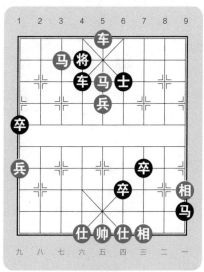

第 43 题
难度系数 ***

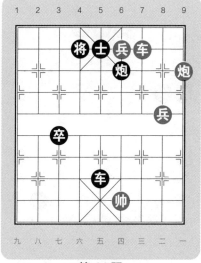

第 44 题
难度系数 ***

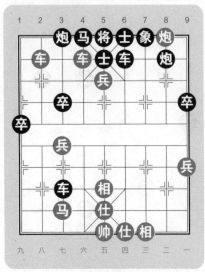

第 45 题
难度系数 ***

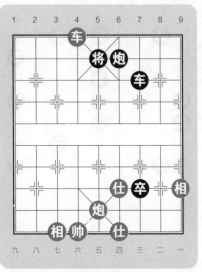

第 46 题
难度系数 ***

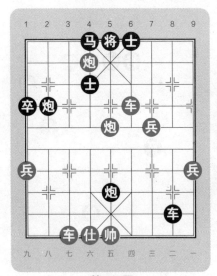

第 47 题
难度系数 ***

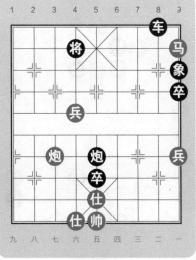

第 48 题
难度系数 ***

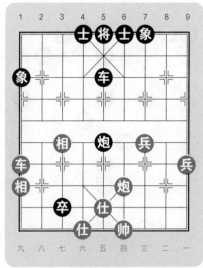

第 49 题

难度系数 **

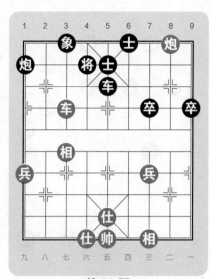

第 50 题

难度系数 ***

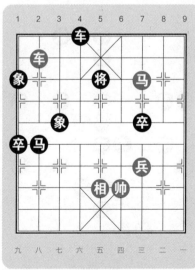

第 51 题

难度系数 ***

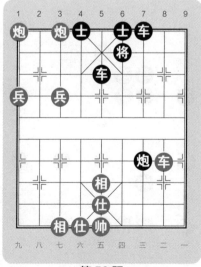

第 52 题

难度系数 ***

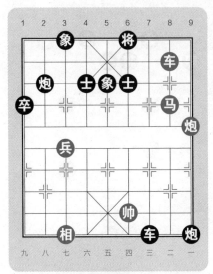

第 53 题
难度系数 **

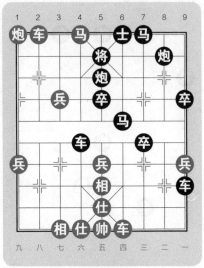

第 54 题
难度系数 ***

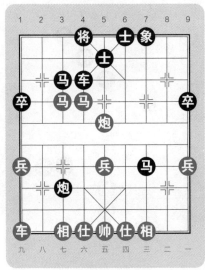

第 55 题
难度系数 ***

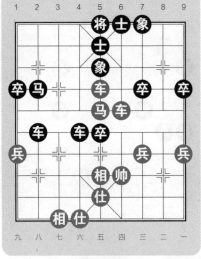

第 56 题
难度系数 **

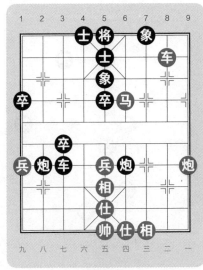

第 57 题
难度系数 **

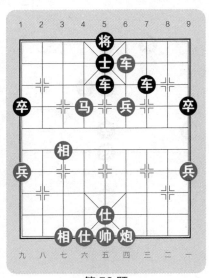

第 58 题
难度系数 **

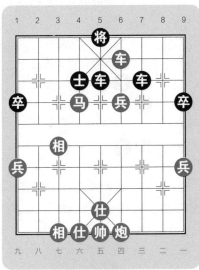

第 59 题
难度系数 ***

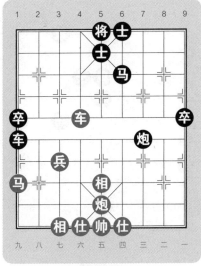

第 60 题
难度系数 ***

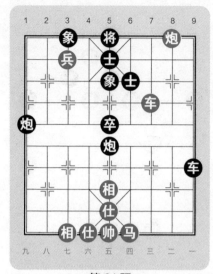

第61题
难度系数 ***

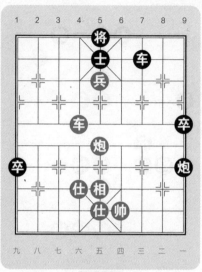

第62题
难度系数 ***

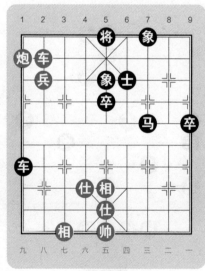

第63题
难度系数 ***

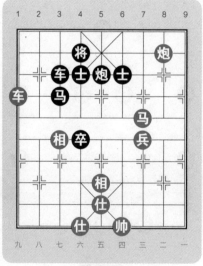

第64题
难度系数 ****

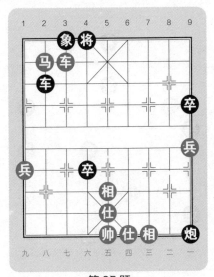

第65题
难度系数 ****

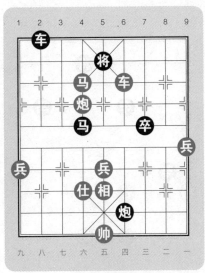

第66题
难度系数 ****

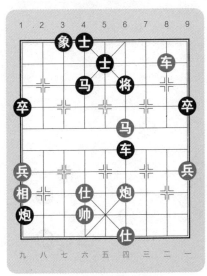

第67题
难度系数 ****

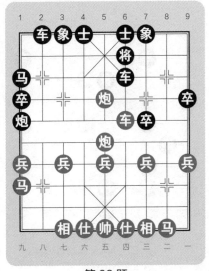

第68题
难度系数 ***

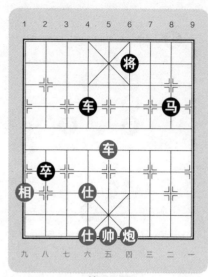

第 69 题
难度系数 ****

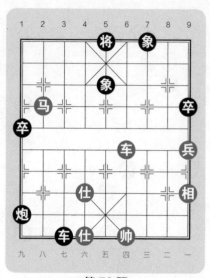

第 70 题
难度系数 ****

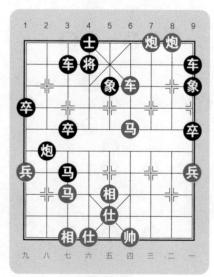

第 71 题
难度系数 ****

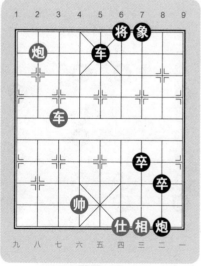

第 72 题
难度系数 ****

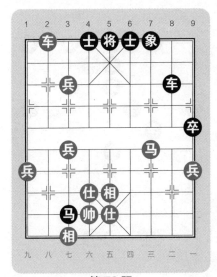

第 73 题
难度系数 ****

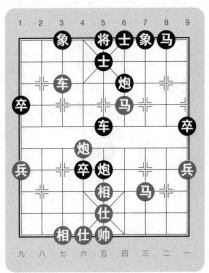

第 74 题
难度系数 ****

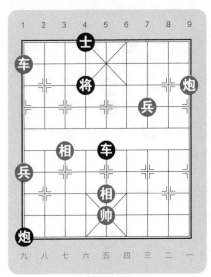

第 75 题
难度系数 ****

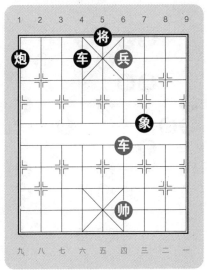

第 76 题
难度系数 ***

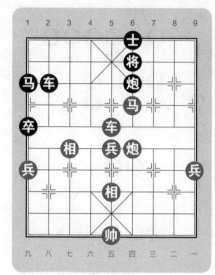

第 77 题
难度系数 ****

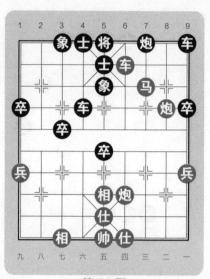

第 78 题
难度系数 ****

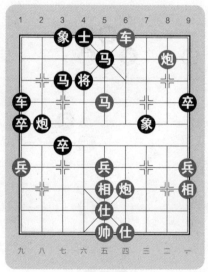

第 79 题
难度系数 ****

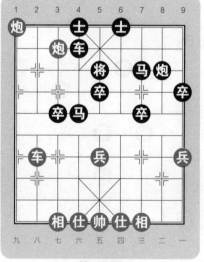

第 80 题
难度系数 ***

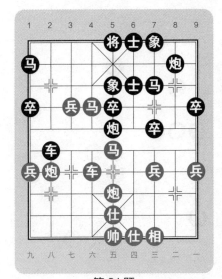

第81题
难度系数 ****

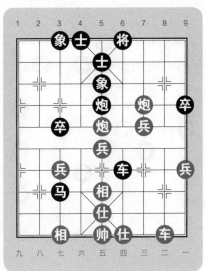

第82题
难度系数 ****

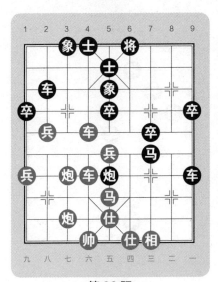

第83题
难度系数 ****

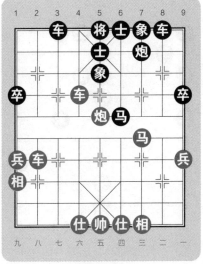

第84题
难度系数 ****

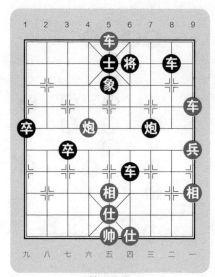

第85题
难度系数 *****

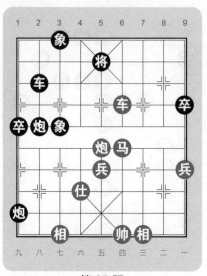

第86题
难度系数 *****

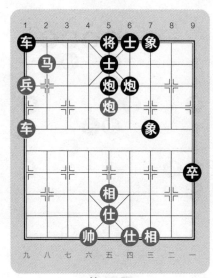

第87题
难度系数 *****

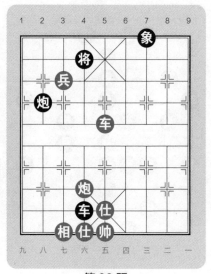

第88题
难度系数 *****

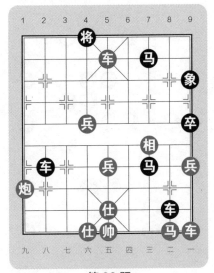

第89题
难度系数 *****

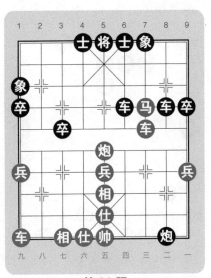

第90题
难度系数 *****

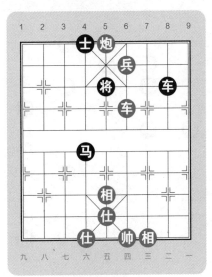

第91题
难度系数 *****

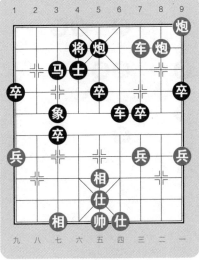

第92题
难度系数 *****

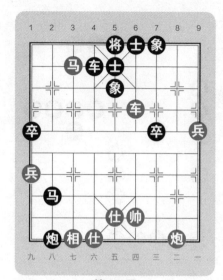

第93题
难度系数 *****

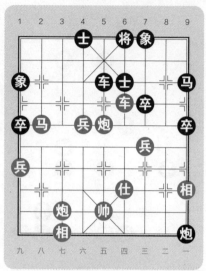

第94题
难度系数 *****

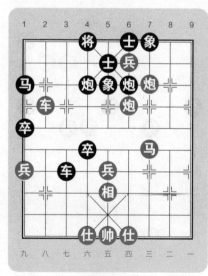

第95题
难度系数 *****

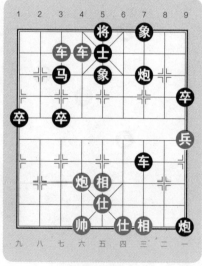

第96题
难度系数 ******

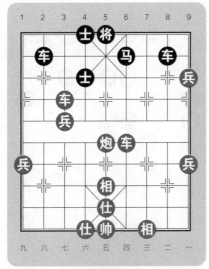

第 97 题
难度系数 ******

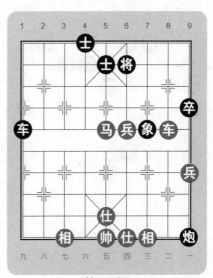

第 98 题
难度系数 ******

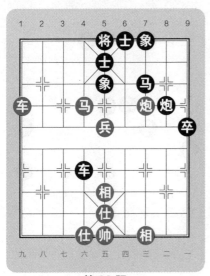

第 99 题
难度系数 *****

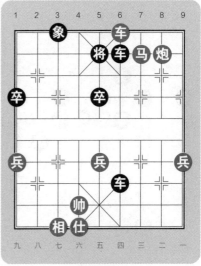

第 100 题
难度系数 ******

第二章 谋马

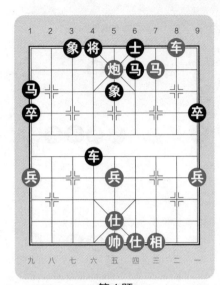

第1题
难度系数 **

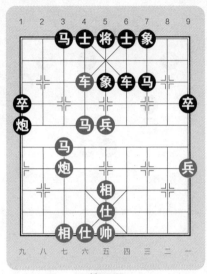

第2题
难度系数 **

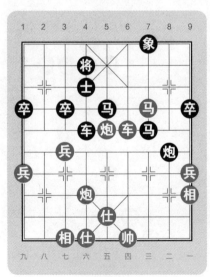

第3题
难度系数 **

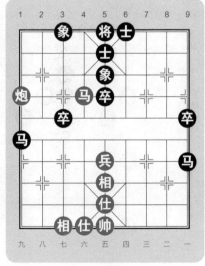

第4题
难度系数 **

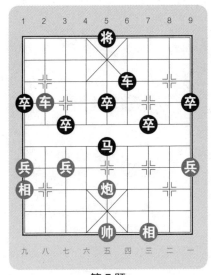

第5题
难度系数 **

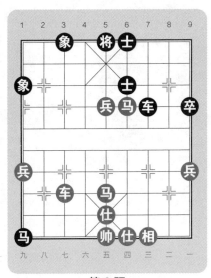

第6题
难度系数 **

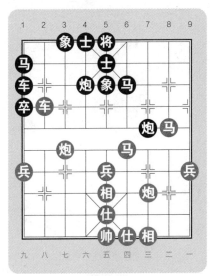

第7题
难度系数 **

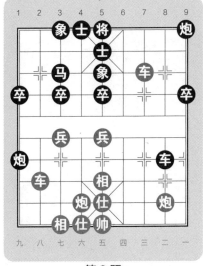

第8题
难度系数 **

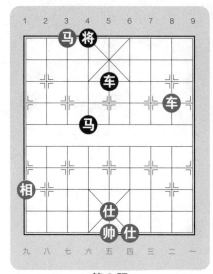

第9题
难度系数 **

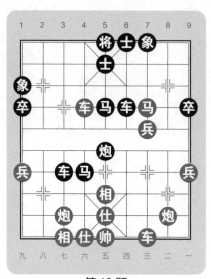

第10题
难度系数 **

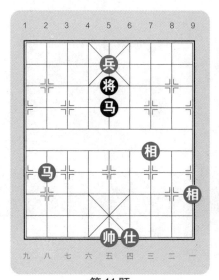

第11题
难度系数 **

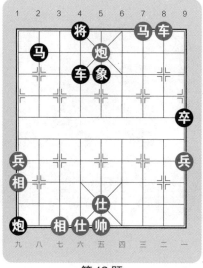

第12题
难度系数 **

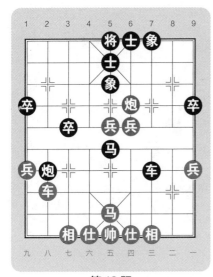

第13题
难度系数 **

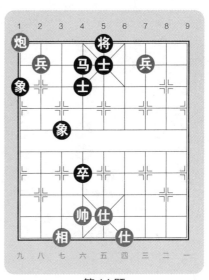

第14题
难度系数 **

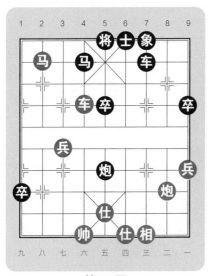

第15题
难度系数 **

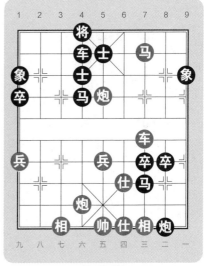

第16题
难度系数 **

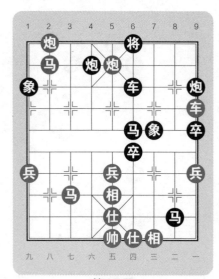

第 17 题
难度系数 **

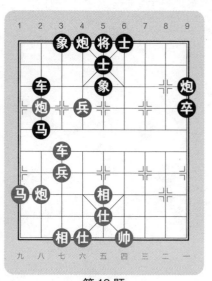

第 18 题
难度系数 **

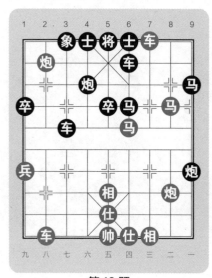

第 19 题
难度系数 **

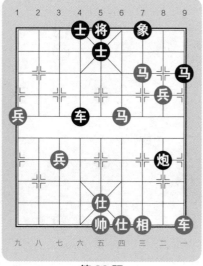

第 20 题
难度系数 **

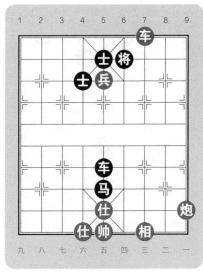

第 21 题
难度系数 **

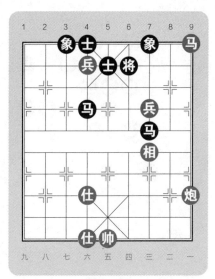

第 22 题
难度系数 **

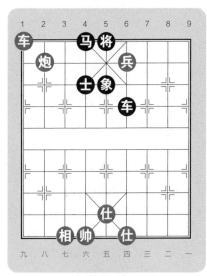

第 23 题
难度系数 **

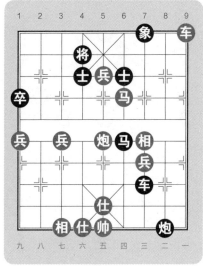

第 24 题
难度系数 **

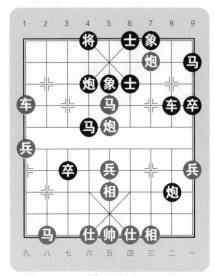

第 25 题
难度系数 **

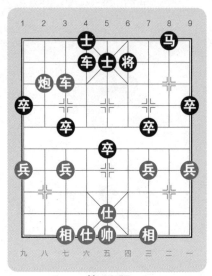

第 26 题
难度系数 **

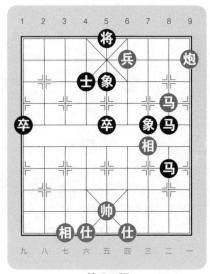

第 27 题
难度系数 **

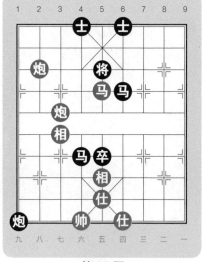

第 28 题
难度系数 **

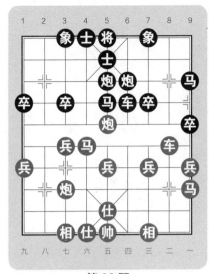

第 29 题
难度系数 ***

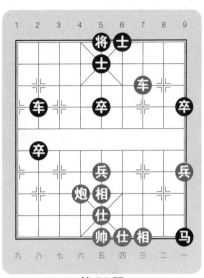

第 30 题
难度系数 ***

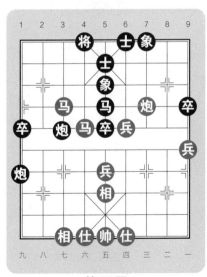

第 31 题
难度系数 ***

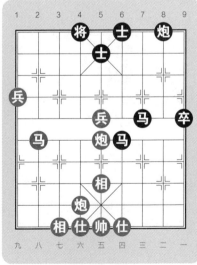

第 32 题
难度系数 ***

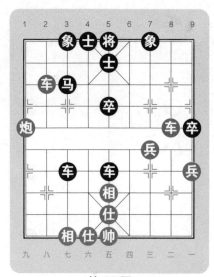

第33题
难度系数 ***

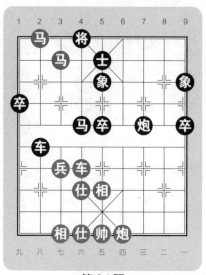

第34题
难度系数 ***

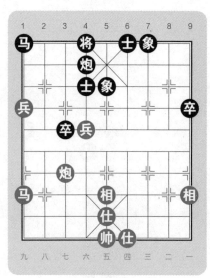

第35题
难度系数 ***

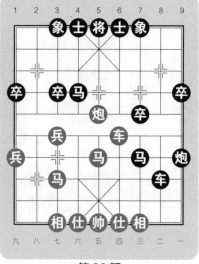

第36题
难度系数 ***

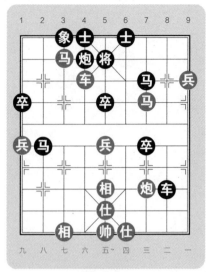

第 37 题
难度系数 ***

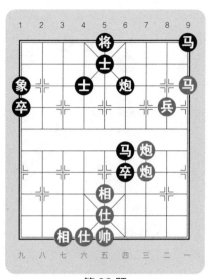

第 38 题
难度系数 ***

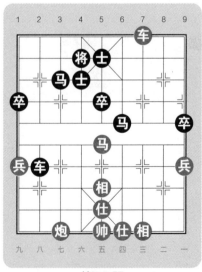

第 39 题
难度系数 ***

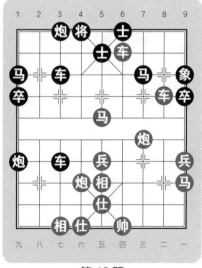

第 40 题
难度系数 ***

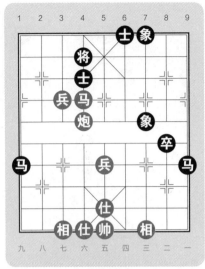

第 41 题
难度系数 ***

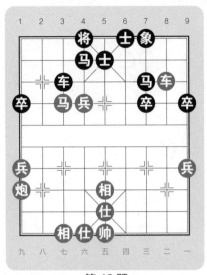

第 42 题
难度系数 ***

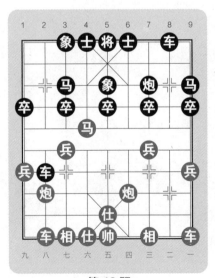

第 43 题
难度系数 ***

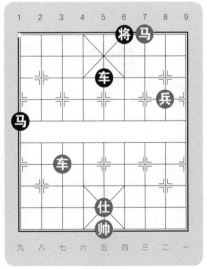

第 44 题
难度系数 ***

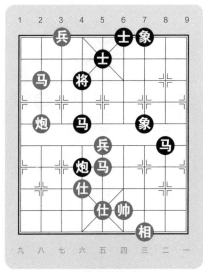

第 45 题
难度系数 ***

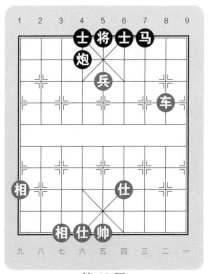

第 46 题
难度系数 ***

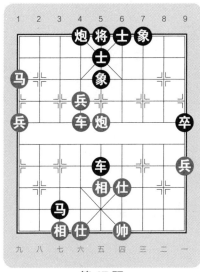

第 47 题
难度系数 ***

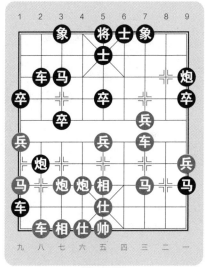

第 48 题
难度系数 ***

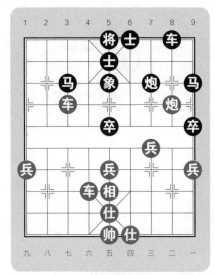

第 49 题
难度系数 ***

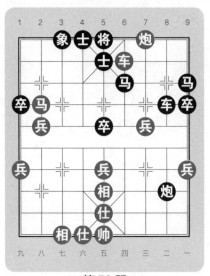

第 50 题
难度系数 ***

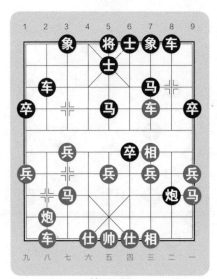

第 51 题
难度系数 ***

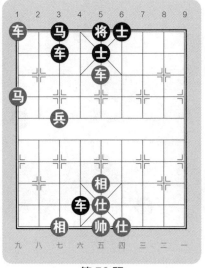

第 52 题
难度系数 ***

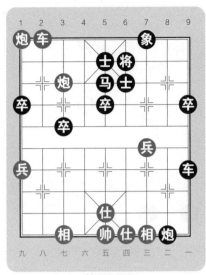

第53题
难度系数 ***

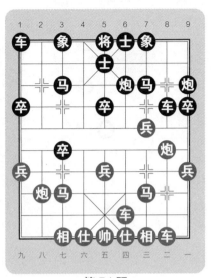

第54题
难度系数 ***

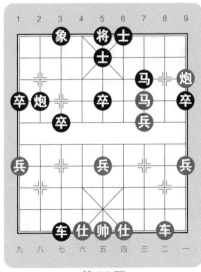

第55题
难度系数 ***

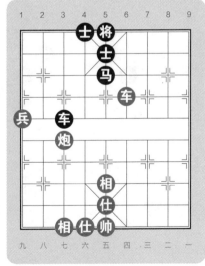

第56题
难度系数 ***

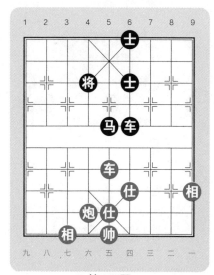

第 57 题
难度系数 ***

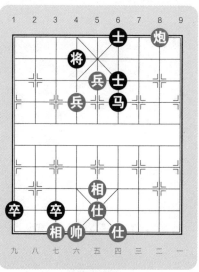

第 58 题
难度系数 ***

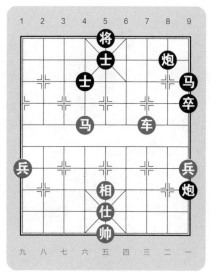

第 59 题
难度系数 ***

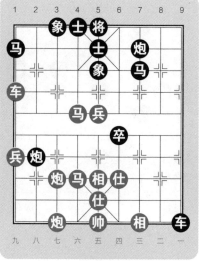

第 60 题
难度系数 ***

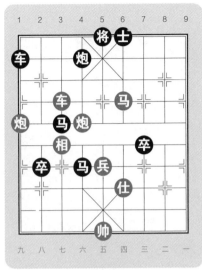

第 61 题

难度系数 ***

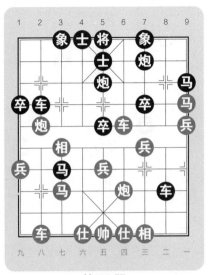

第 62 题

难度系数 ***

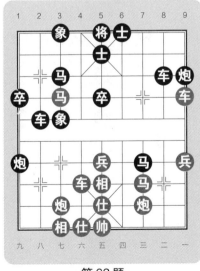

第 63 题

难度系数 ***

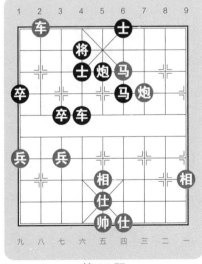

第 64 题

难度系数 ***

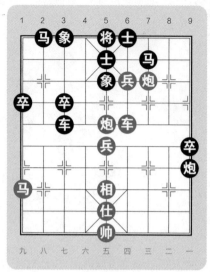

第65题
难度系数 ***

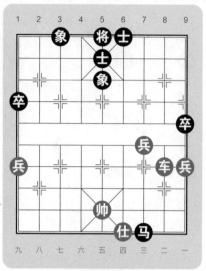

第66题
难度系数 ***

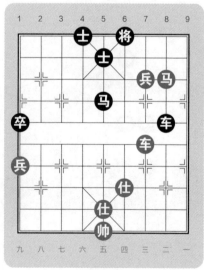

第67题
难度系数 ***

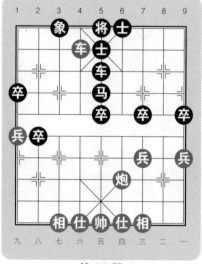

第68题
难度系数 ***

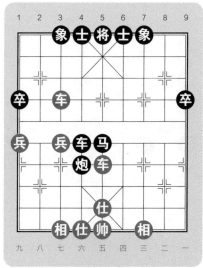

第69题
难度系数 ***

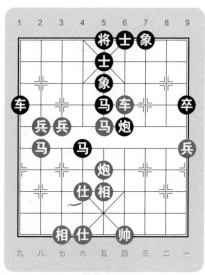

第70题
难度系数 ***

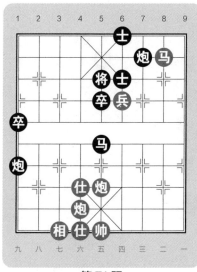

第71题
难度系数 ***

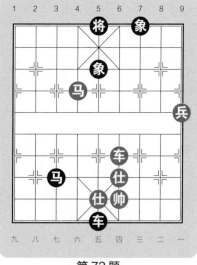

第72题
难度系数 ****

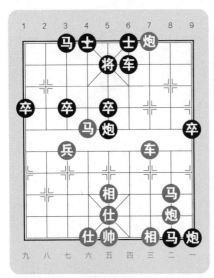

第73题
难度系数 ****

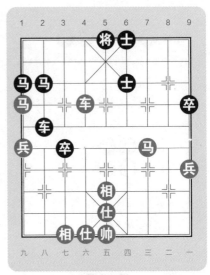

第74题
难度系数 ****

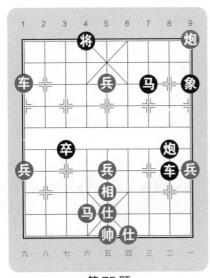

第75题
难度系数 ****

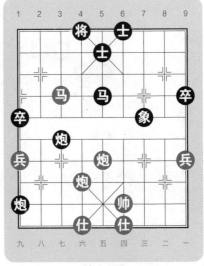

第76题
难度系数 ****

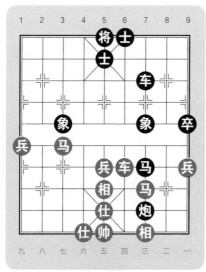

第 77 题
难度系数 ****

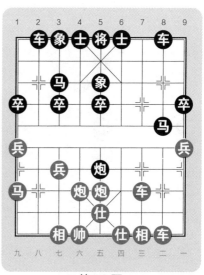

第 78 题
难度系数 ****

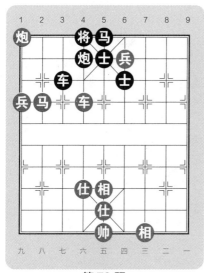

第 79 题
难度系数 ****

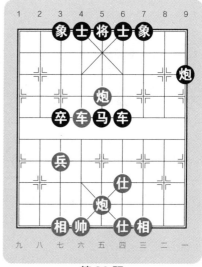

第 80 题
难度系数 ****

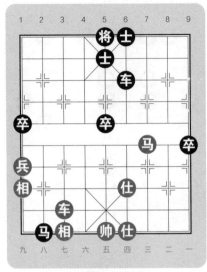

第81题

难度系数 ****

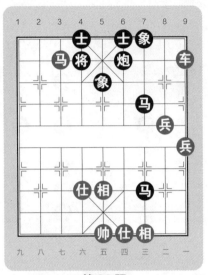

第82题

难度系数 ****

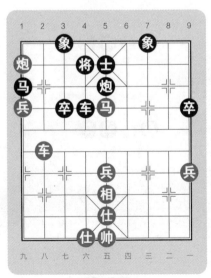

第83题

难度系数 ****

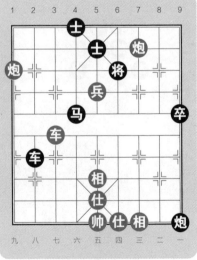

第84题

难度系数 ****

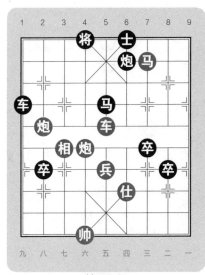

第85题
难度系数 ****

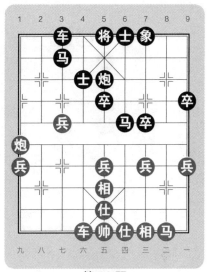

第86题
难度系数 ****

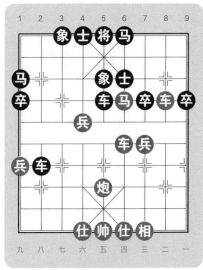

第87题
难度系数 ****

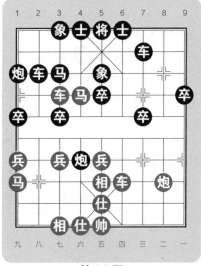

第88题
难度系数 ****

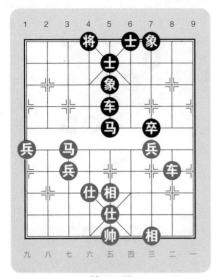

第89题
难度系数 ****

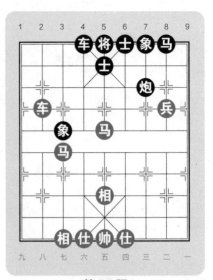

第90题
难度系数 ****

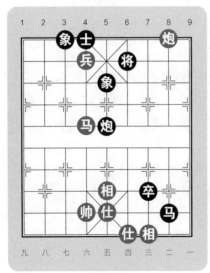

第91题
难度系数 ****

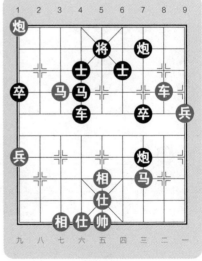

第92题
难度系数 ****

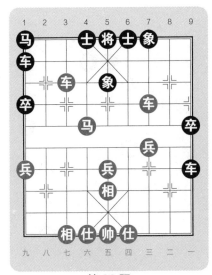

第 93 题
难度系数 *****

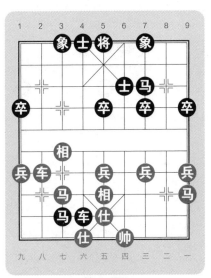

第 94 题
难度系数 *****

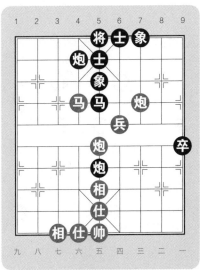

第 95 题
难度系数 *****

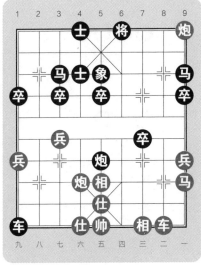

第 96 题
难度系数 *****

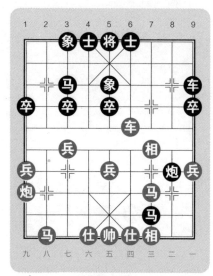

第 97 题
难度系数 *****

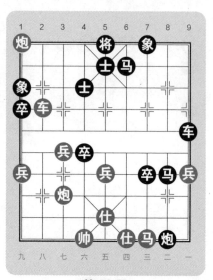

第 98 题
难度系数 *****

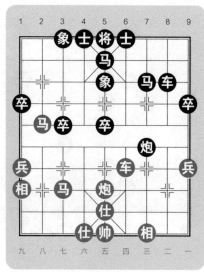

第 99 题
难度系数 *****

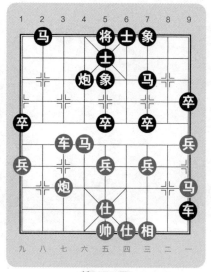

第 100 题
难度系数 ******

第三章 谋炮

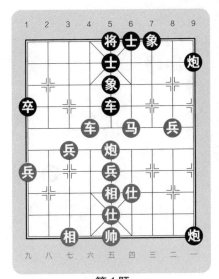

第1题
难度系数 **

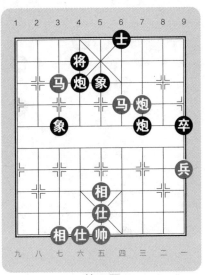

第2题
难度系数 **

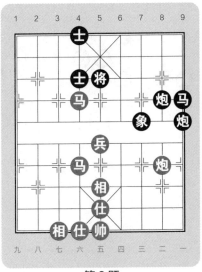

第3题
难度系数 **

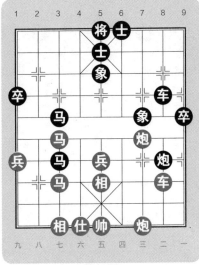

第4题
难度系数 **

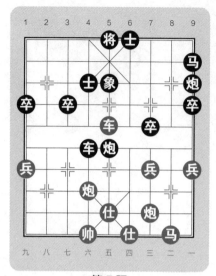

第5题
难度系数 **

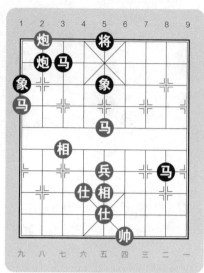

第6题
难度系数 **

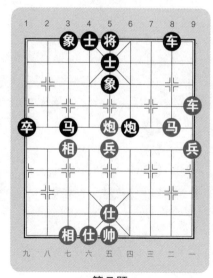

第7题
难度系数 **

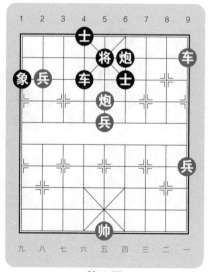

第8题
难度系数 **

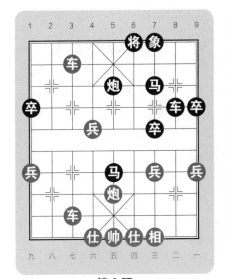

第 9 题
难度系数 **

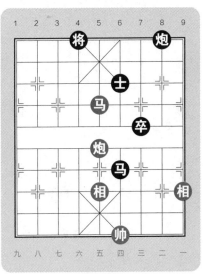

第 10 题
难度系数 **

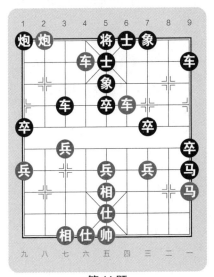

第 11 题
难度系数 **

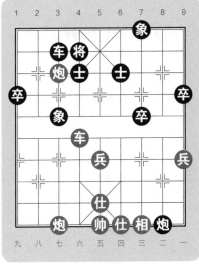

第 12 题
难度系数 **

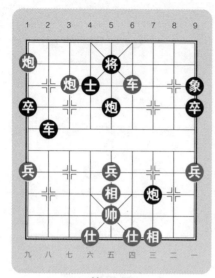

第 13 题
难度系数 **

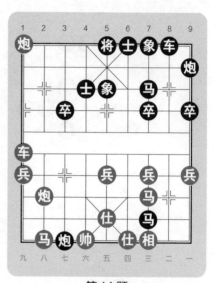

第 14 题
难度系数 **

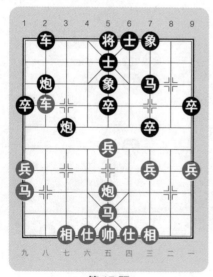

第 15 题
难度系数 **

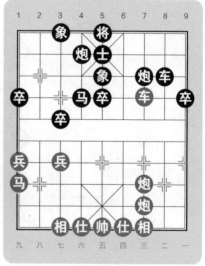

第 16 题
难度系数 **

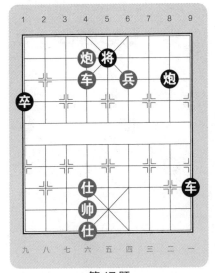

第 17 题
难度系数 **

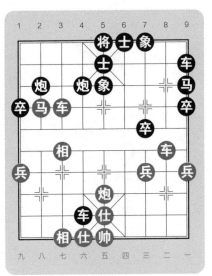

第 18 题
难度系数 **

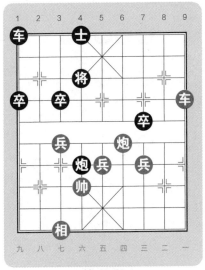

第 19 题
难度系数 **

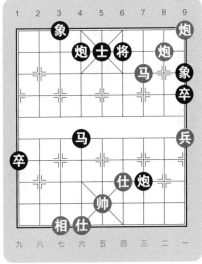

第 20 题
难度系数 **

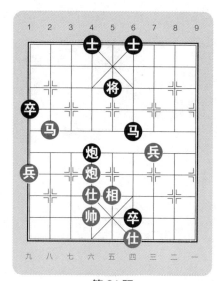

第21题
难度系数 **

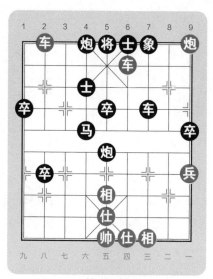

第22题
难度系数 **

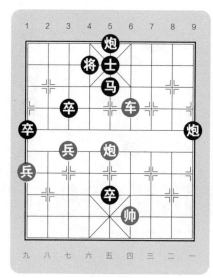

第23题
难度系数 **

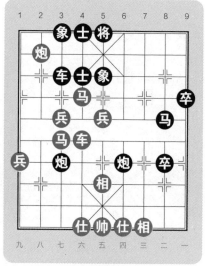

第24题
难度系数 **

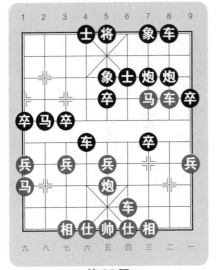

第 25 题
难度系数 **

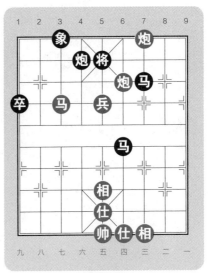

第 26 题
难度系数 **

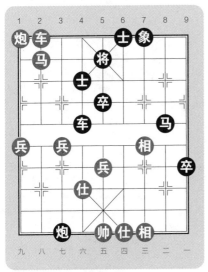

第 27 题
难度系数 **

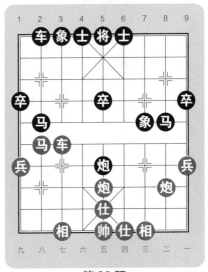

第 28 题
难度系数 **

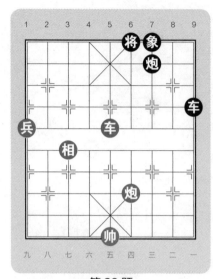

第 29 题
难度系数 **

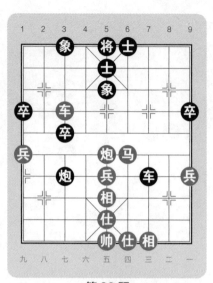

第 30 题
难度系数 **

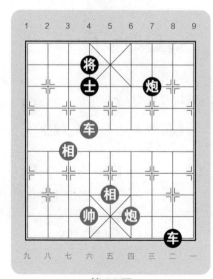

第 31 题
难度系数 **

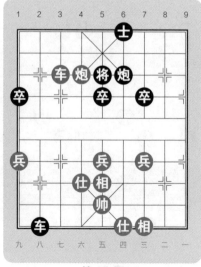

第 32 题
难度系数 **

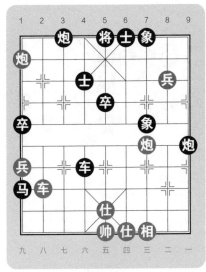

第 33 题
难度系数 **

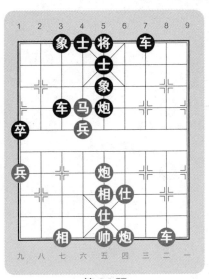

第 34 题
难度系数 **

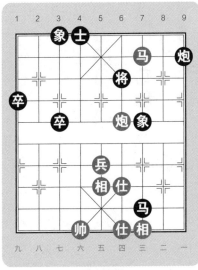

第 35 题
难度系数 **

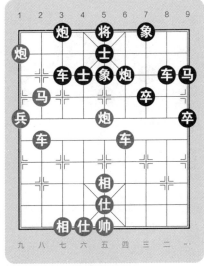

第 36 题
难度系数 **

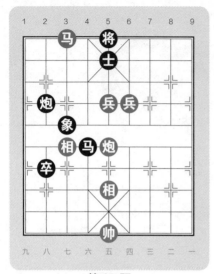

第 37 题
难度系数 **

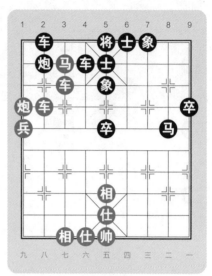

第 38 题
难度系数 **

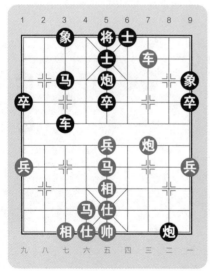

第 39 题
难度系数 **

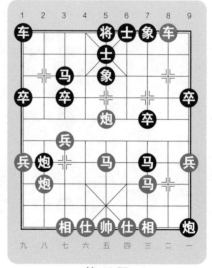

第 40 题
难度系数 **

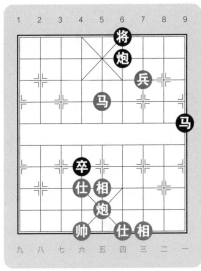

第 41 题
难度系数 **

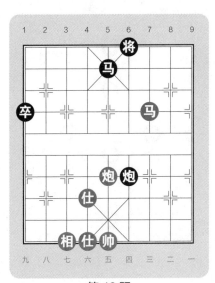

第 42 题
难度系数 **

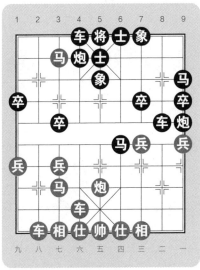

第 43 题
难度系数 **

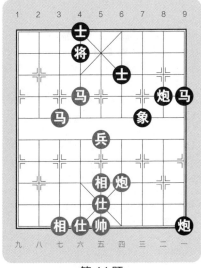

第 44 题
难度系数 ***

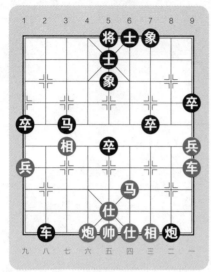

第 45 题
难度系数 ***

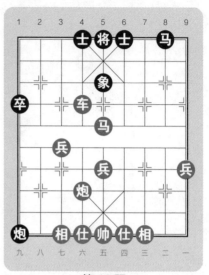

第 46 题
难度系数 ***

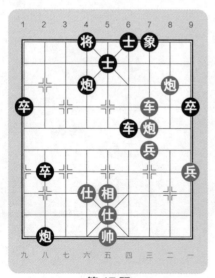

第 47 题
难度系数 ***

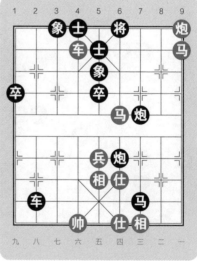

第 48 题
难度系数 ***

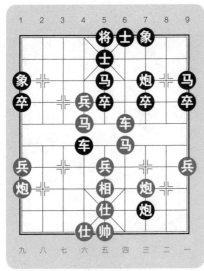

第49题
难度系数 ***

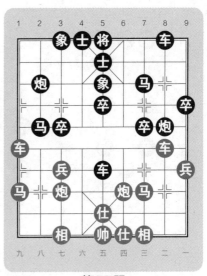

第50题
难度系数 ***

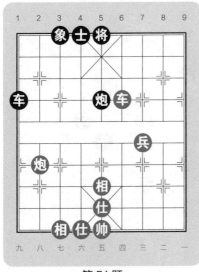

第51题
难度系数 ***

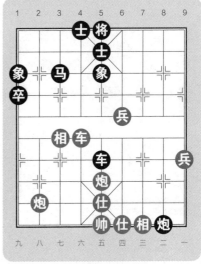

第52题
难度系数 ***

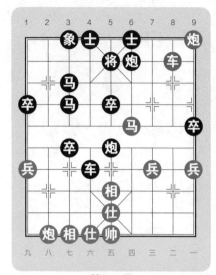

第53题
难度系数 ***

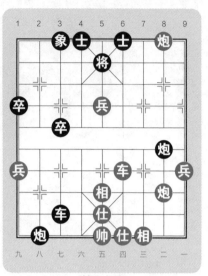

第54题
难度系数 ***

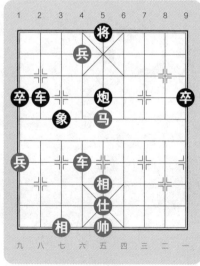

第55题
难度系数 ***

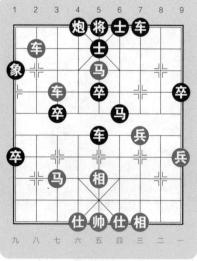

第56题
难度系数 ***

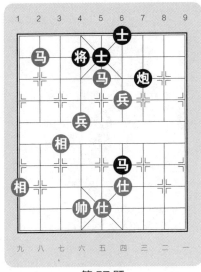

第57题
难度系数 ***

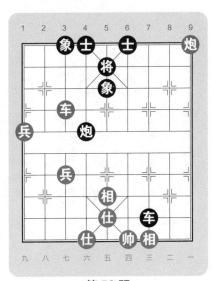

第58题
难度系数 ***

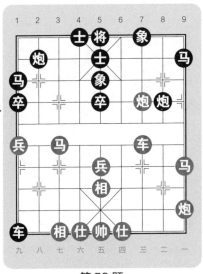

第59题
难度系数 ***

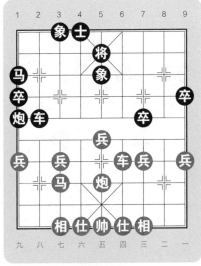

第60题
难度系数 **

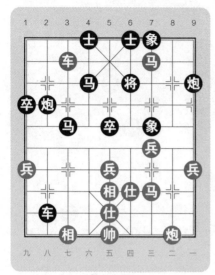

第 61 题
难度系数 ***

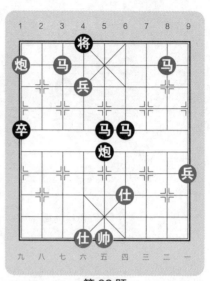

第 62 题
难度系数 ***

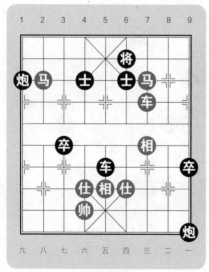

第 63 题
难度系数 ***

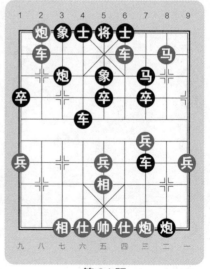

第 64 题
难度系数 ***

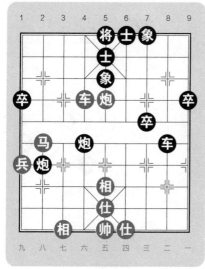

第65题
难度系数 ***

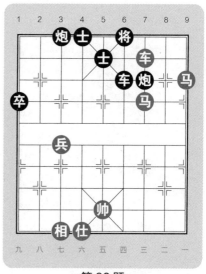

第66题
难度系数 ***

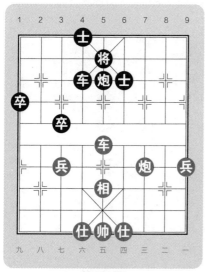

第67题
难度系数 ***

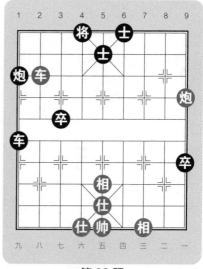

第68题
难度系数 ***

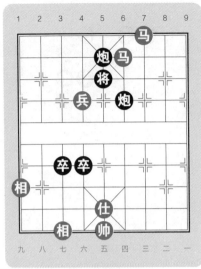

第69题
难度系数 ***

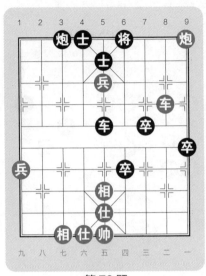

第70题
难度系数 ***

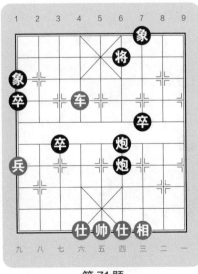

第71题
难度系数 **

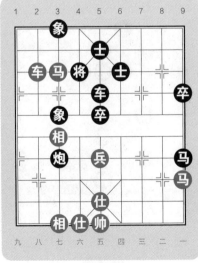

第72题
难度系数 **

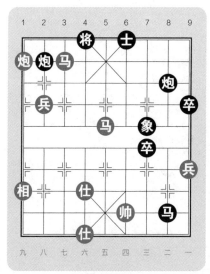

第73题
难度系数 ***

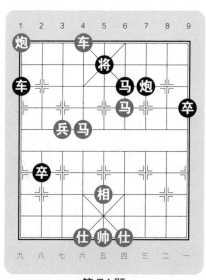

第74题
难度系数 ***

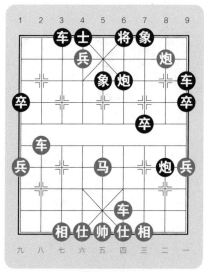

第75题
难度系数 ***

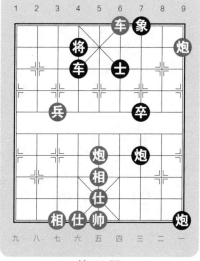

第76题
难度系数 ***

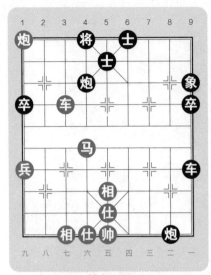

第 77 题

难度系数 ***

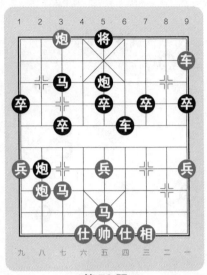

第 78 题

难度系数 ***

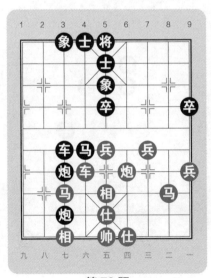

第 79 题

难度系数 ***

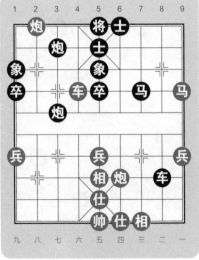

第 80 题

难度系数 ****

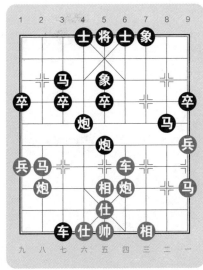

第81题
难度系数 ****

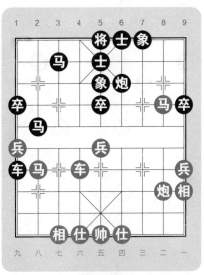

第82题
难度系数 ****

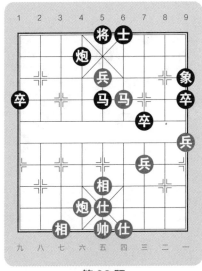

第83题
难度系数 ****

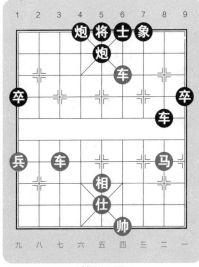

第84题
难度系数 **

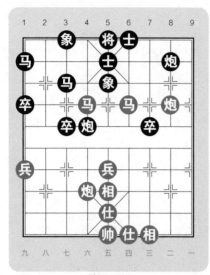

第85题
难度系数 ****

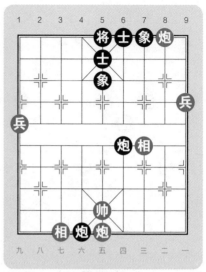

第86题
难度系数 ****

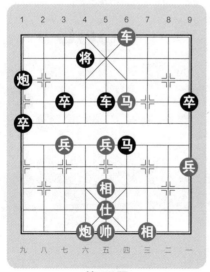

第87题
难度系数 ****

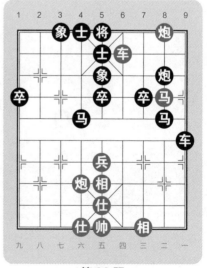

第88题
难度系数 ****

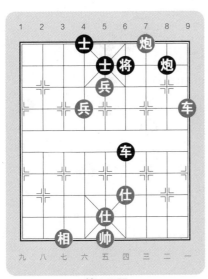

第 89 题
难度系数 ****

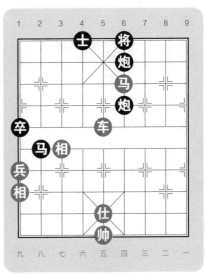

第 90 题
难度系数 ****

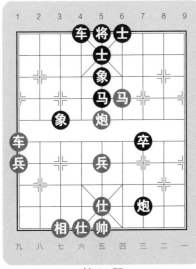

第 91 题
难度系数 ****

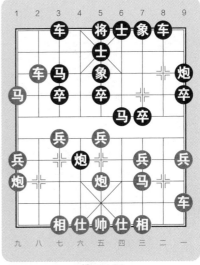

第 92 题
难度系数 ****

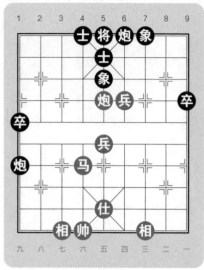

第93题

难度系数 ****

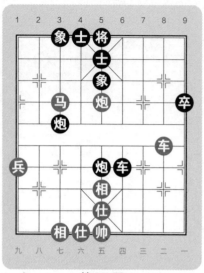

第94题

难度系数 ****

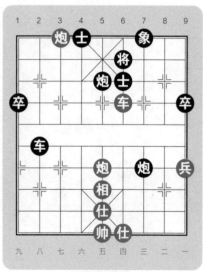

第95题

难度系数 ****

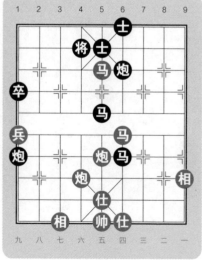

第96题

难度系数 *****

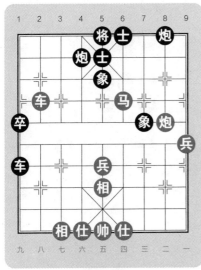

第 97 题

难度系数 *****

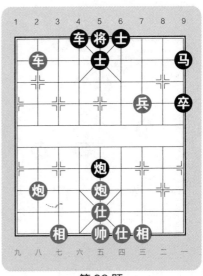

第 98 题

难度系数 *****

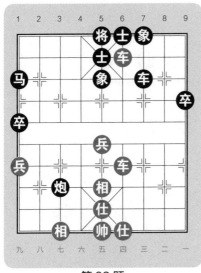

第 99 题

难度系数 ******

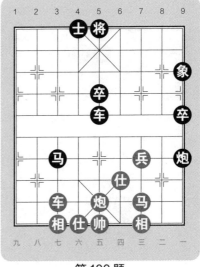

第 100 题

难度系数 ******

第四章　谋士象及过河卒

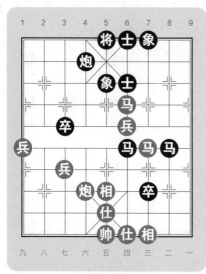

第1题
难度系数 **

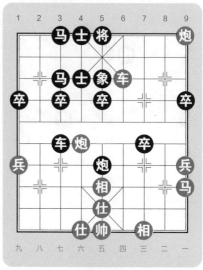

第2题
难度系数 **

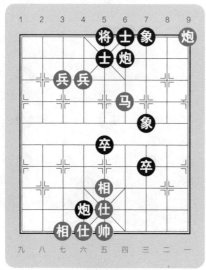

第3题
难度系数 **

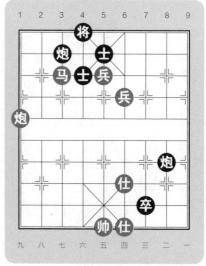

第4题
难度系数 **

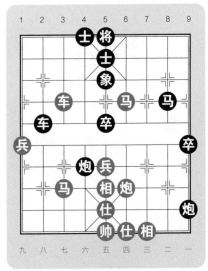

第 5 题
难度系数 **

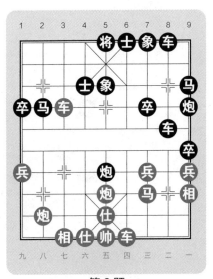

第 6 题
难度系数 **

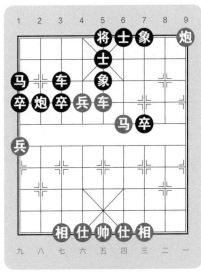

第 7 题
难度系数 **

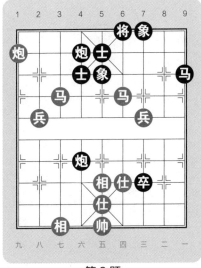

第 8 题
难度系数 **

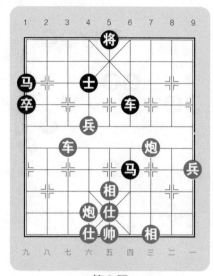

第 9 题
难度系数 **

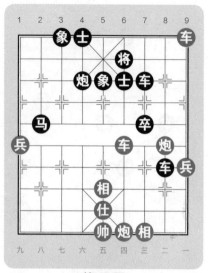

第 10 题
难度系数 ***

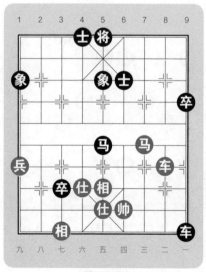

第 11 题
难度系数 ***

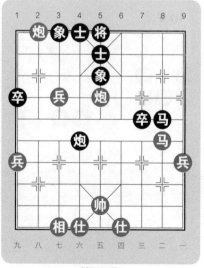

第 12 题
难度系数 ***

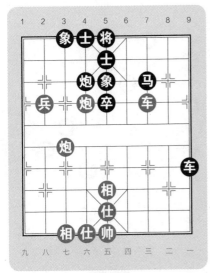

第13题
难度系数 ***

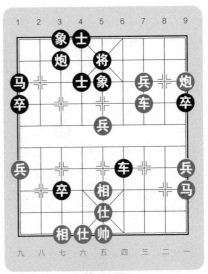

第14题
难度系数 ***

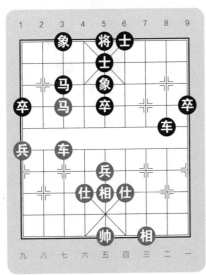

第15题
难度系数 ***

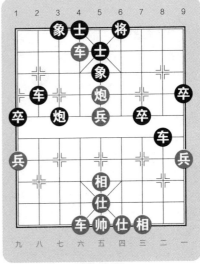

第16题
难度系数 ***

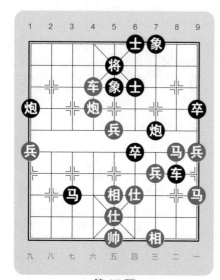

第 17 题
难度系数 ***

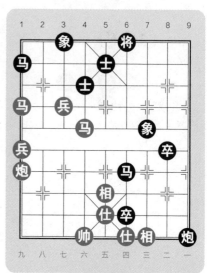

第 18 题
难度系数 ***

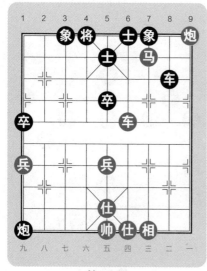

第 19 题
难度系数 ***

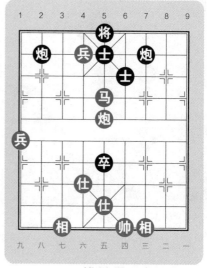

第 20 题
难度系数 ***

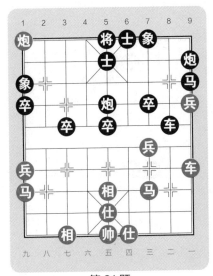

第 21 题
难度系数 ***

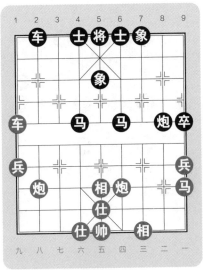

第 22 题
难度系数 ****

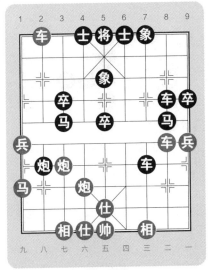

第 23 题
难度系数 ****

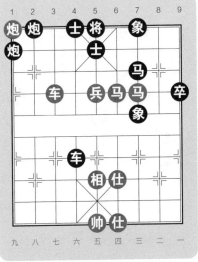

第 24 题
难度系数 ****

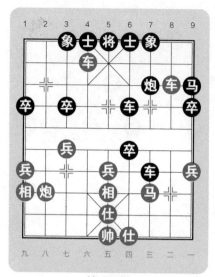

第 25 题
难度系数 ****

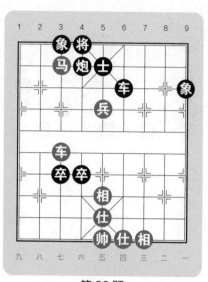

第 26 题
难度系数 ****

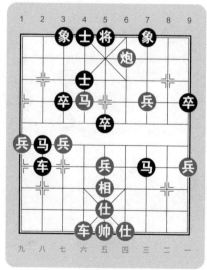

第 27 题
难度系数 ****

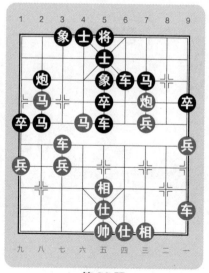

第 28 题
难度系数 ****

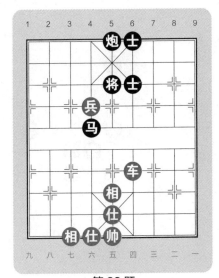

第 29 题
难度系数 *****

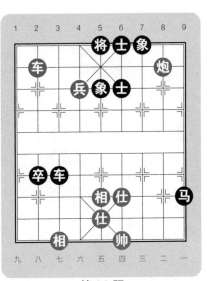

第 30 题
难度系数 *****

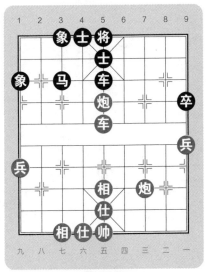

第 31 题
难度系数 *****

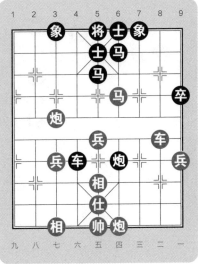

第 32 题
难度系数 *****

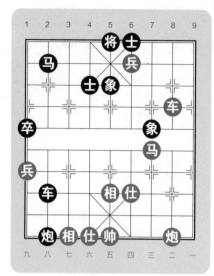

第 33 题
难度系数 *****

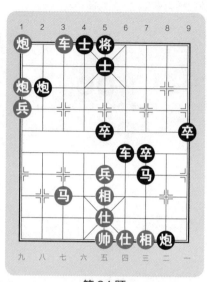

第 34 题
难度系数 ******

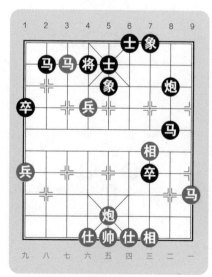

第 35 题
难度系数 ******

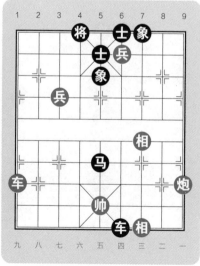

第 36 题
难度系数 *******

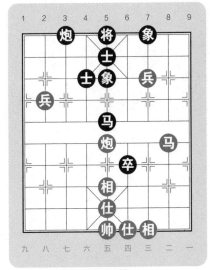

第 37 题
难度系数 **

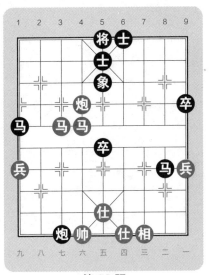

第 38 题
难度系数 **

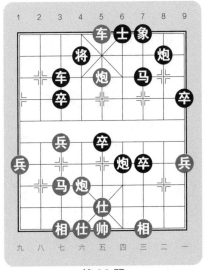

第 39 题
难度系数 **

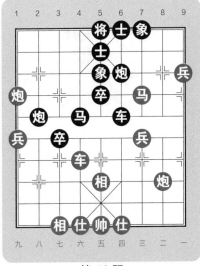

第 40 题
难度系数 ***

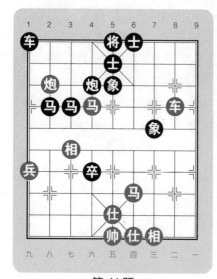

第 41 题
难度系数 ***

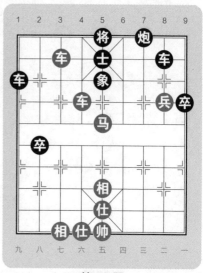

第 42 题
难度系数 **

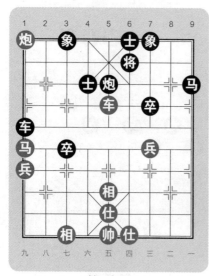

第 43 题
难度系数 ****

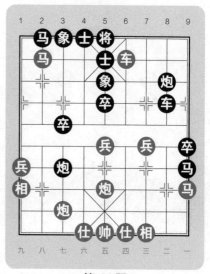

第 44 题
难度系数 *****

第五章　综合练习

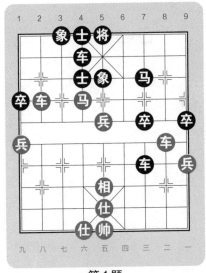

第1题
难度系数 **

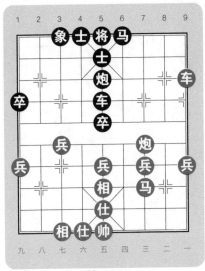

第2题
难度系数 **

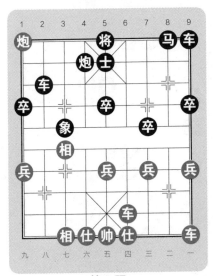

第3题
难度系数 **

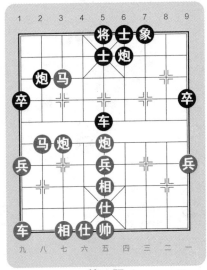

第4题
难度系数 **

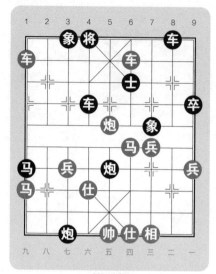

第 5 题
难度系数 **

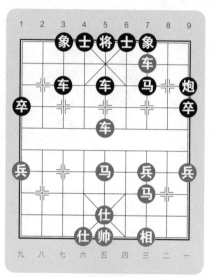

第 6 题
难度系数 **

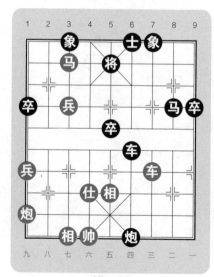

第 7 题
难度系数 **

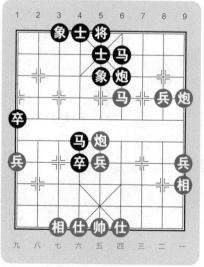

第 8 题
难度系数 **

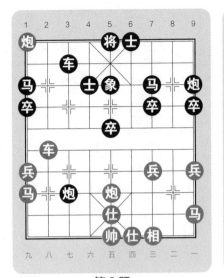

第 9 题
难度系数 **

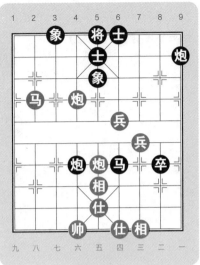

第 10 题
难度系数 **

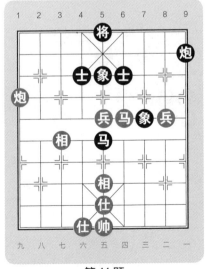

第 11 题
难度系数 **

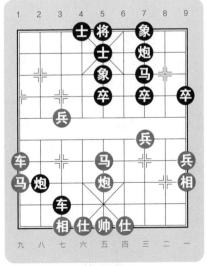

第 12 题
难度系数 **

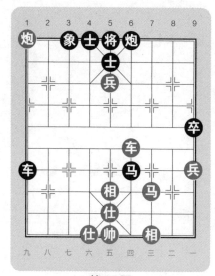

第 13 题
难度系数 **

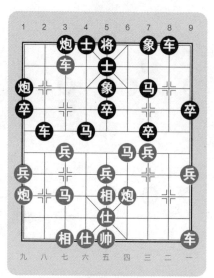

第 14 题
难度系数 **

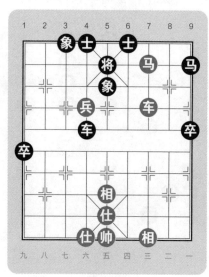

第 15 题
难度系数 **

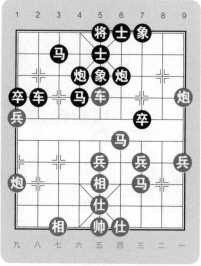

第 16 题
难度系数 **

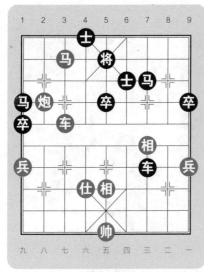

第 17 题
难度系数 **

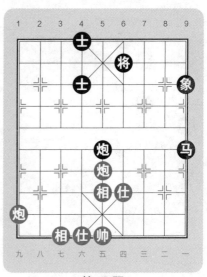

第 18 题
难度系数 **

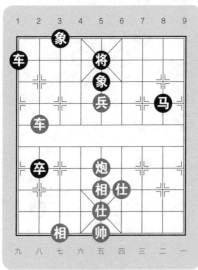

第 19 题
难度系数 **

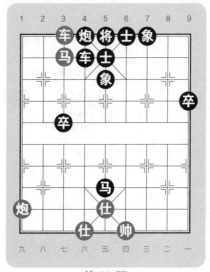

第 20 题
难度系数 **

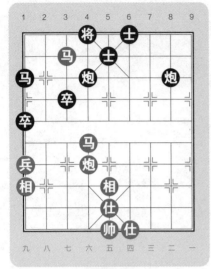

第 21 题
难度系数 ***

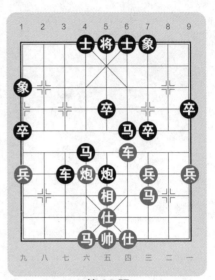

第 22 题
难度系数 ***

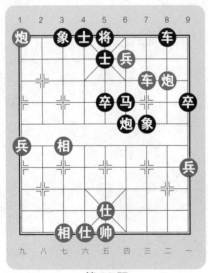

第 23 题
难度系数 ***

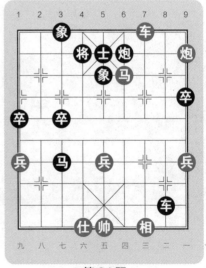

第 24 题
难度系数 ***

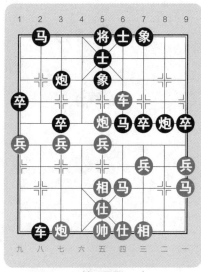

第25题
难度系数 ***

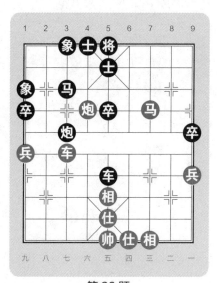

第26题
难度系数 ***

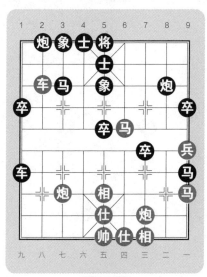

第27题
难度系数 ***

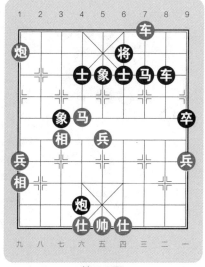

第28题
难度系数 ***

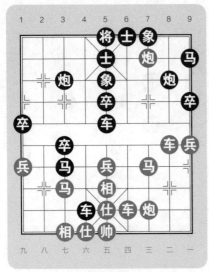

第29题
难度系数 ***

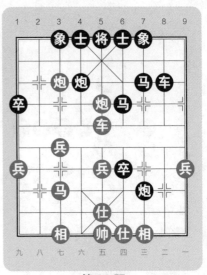

第30题
难度系数 ***

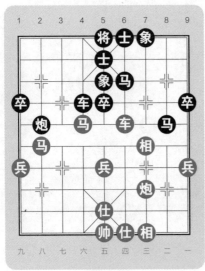

第31题
难度系数 ***

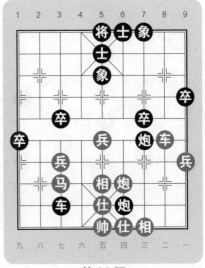

第32题
难度系数 ***

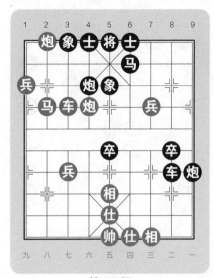

第33题
难度系数 ***

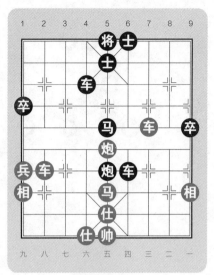

第34题
难度系数 ***

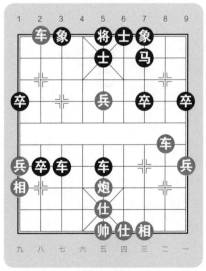

第35题
难度系数 ***

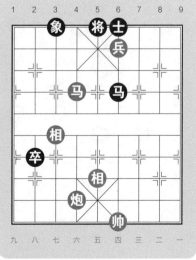

第36题
难度系数 ***

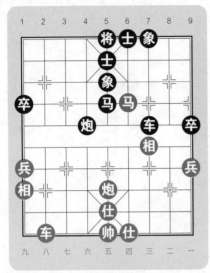

第 37 题
难度系数 ***

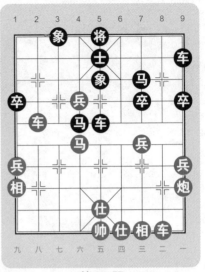

第 38 题
难度系数 ***

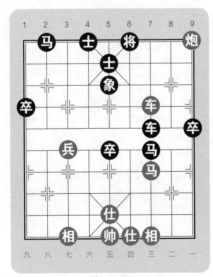

第 39 题
难度系数 ***

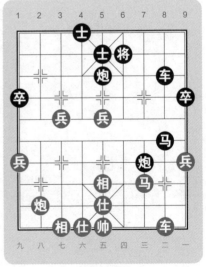

第 40 题
难度系数 ***

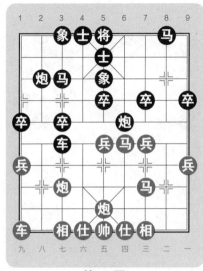

第41题
难度系数 ***

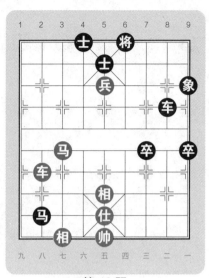

第42题
难度系数 ***

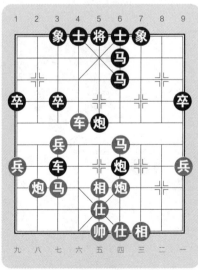

第43题
难度系数 ***

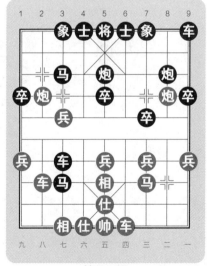

第44题
难度系数 ***

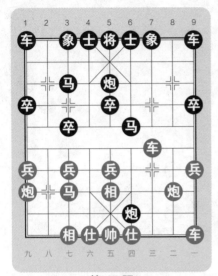

第 45 题
难度系数 ***

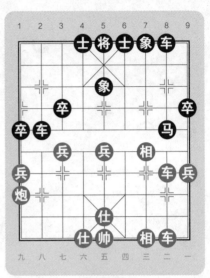

第 46 题
难度系数 ***

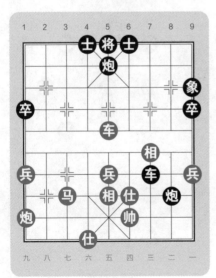

第 47 题
难度系数 ***

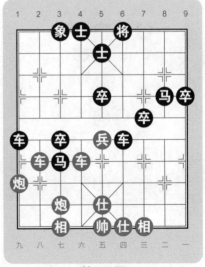

第 48 题
难度系数 ***

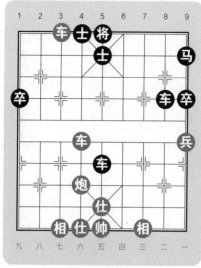

第 49 题
难度系数 ***

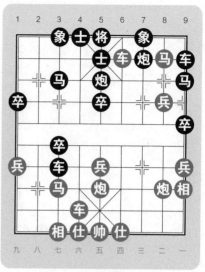

第 50 题
难度系数 ***

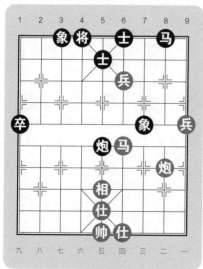

第 51 题
难度系数 ***

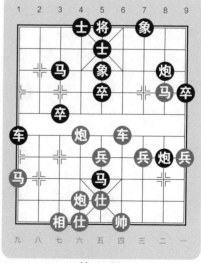

第 52 题
难度系数 ***

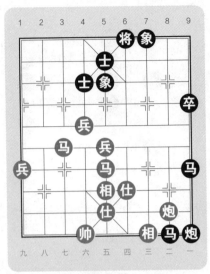

第53题
难度系数 ***

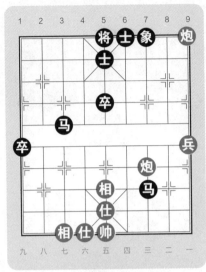

第54题
难度系数 ***

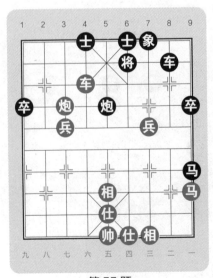

第55题
难度系数 ***

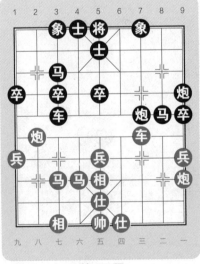

第56题
难度系数 ***

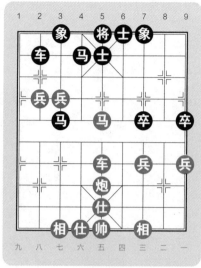

第 57 题
难度系数 ***

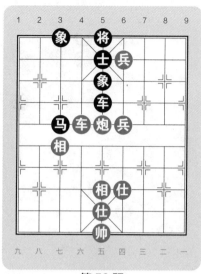

第 58 题
难度系数 ***

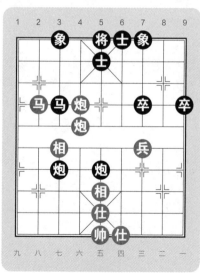

第 59 题
难度系数 ***

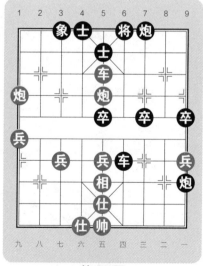

第 60 题
难度系数 ***

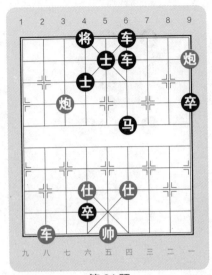

第61题

难度系数 ***

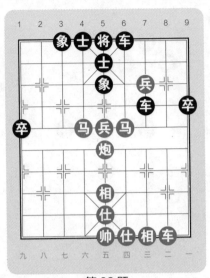

第62题

难度系数 ***

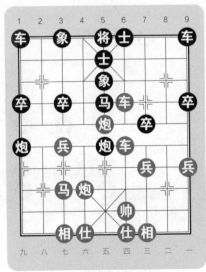

第63题

难度系数 ***

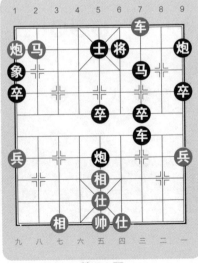

第64题

难度系数 ***

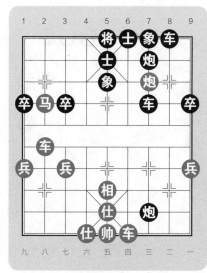

第65题
难度系数 ***

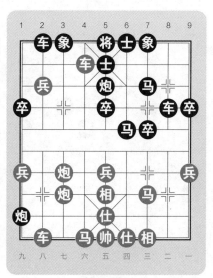

第66题
难度系数 ***

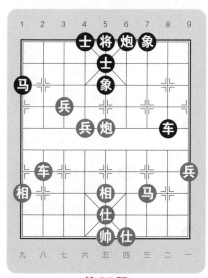

第67题
难度系数 ***

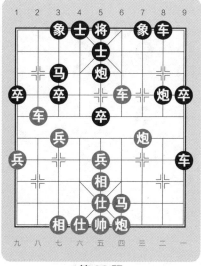

第68题
难度系数 ***

103

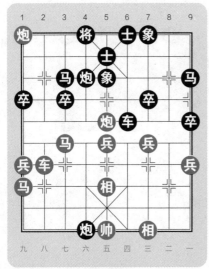

第69题
难度系数 ***

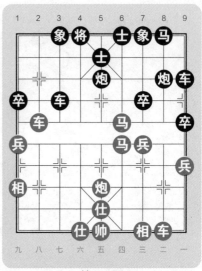

第70题
难度系数 ***

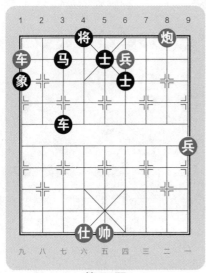

第71题
难度系数 ***

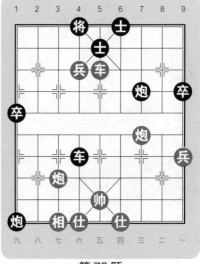

第72题
难度系数 ***

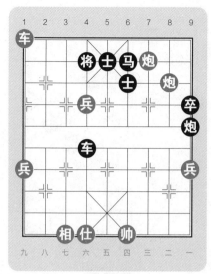

第73题
难度系数 ***

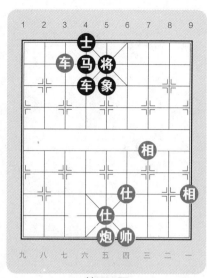

第74题
难度系数 ***

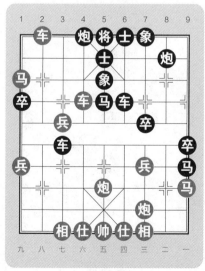

第75题
难度系数 ***

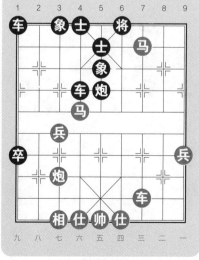

第76题
难度系数 ****

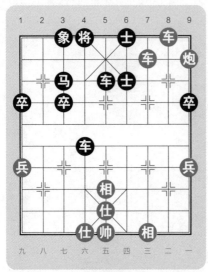

第 77 题
难度系数 ****

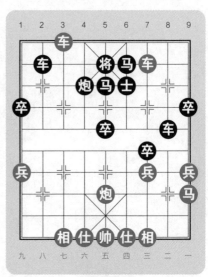

第 78 题
难度系数 ****

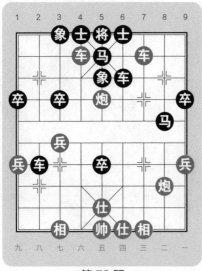

第 79 题
难度系数 ****

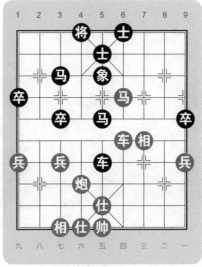

第 80 题
难度系数 ****

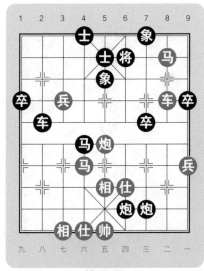

第81题
难度系数 ****

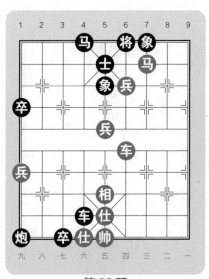

第82题
难度系数 ****

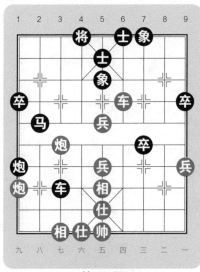

第83题
难度系数 ****

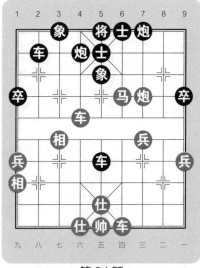

第84题
难度系数 ****

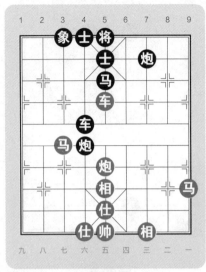

第85题
难度系数 ****

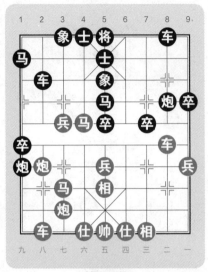

第86题
难度系数 ****

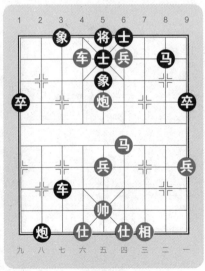

第87题
难度系数 ****

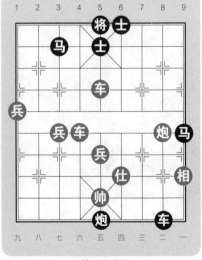

第88题
难度系数 ****

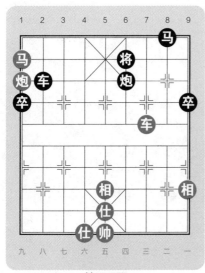

第 89 题
难度系数 ****

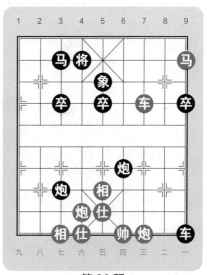

第 90 题
难度系数 ****

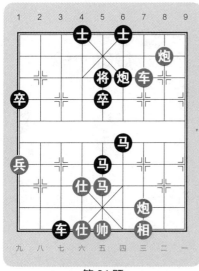

第 91 题
难度系数 ****

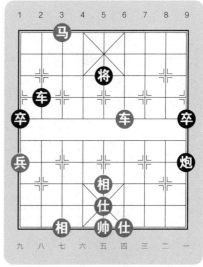

第 92 题
难度系数 ****

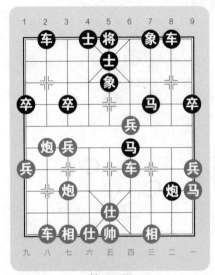

第93题
难度系数 ****

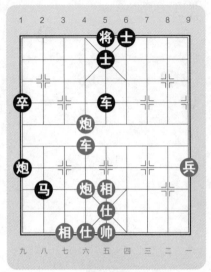

第94题
难度系数 ****

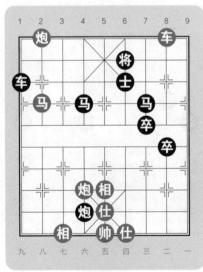

第95题
难度系数 ****

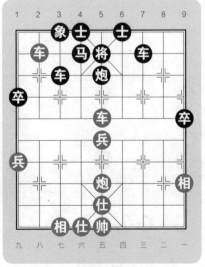

第96题
难度系数 ****

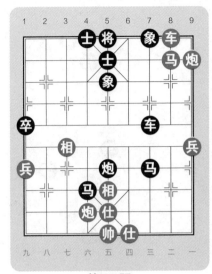

第97题
难度系数 ****

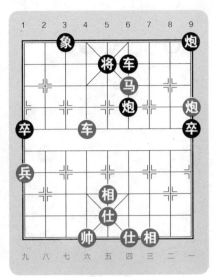

第98题
难度系数 ****

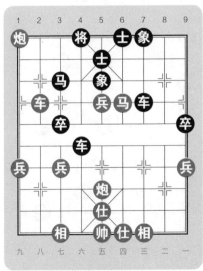

第99题
难度系数 ****

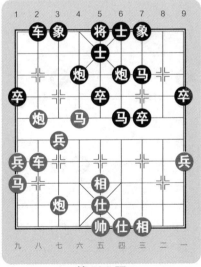

第100题
难度系数 ****

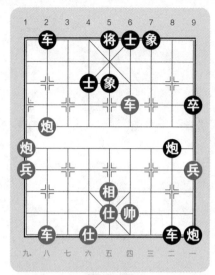

第101题
难度系数 ****

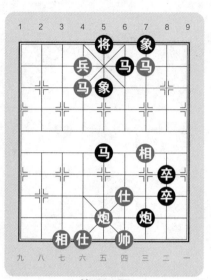

第102题
难度系数 ****

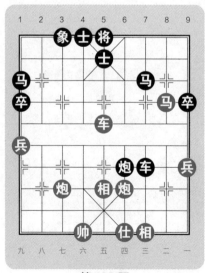

第103题
难度系数 ****

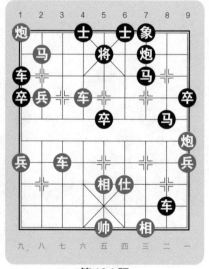

第104题
难度系数 ****

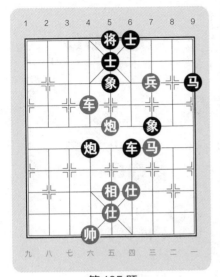

第 105 题
难度系数 ****

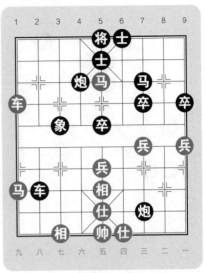

第 106 题
难度系数 ****

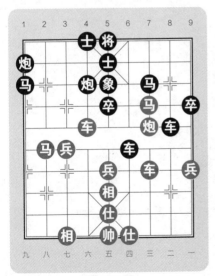

第 107 题
难度系数 ****

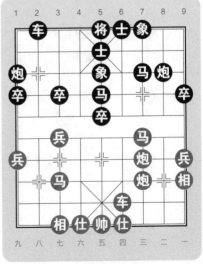

第 108 题
难度系数 ****

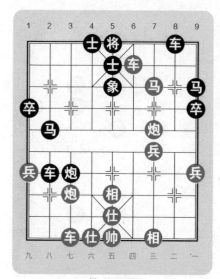

第109题
难度系数 ****

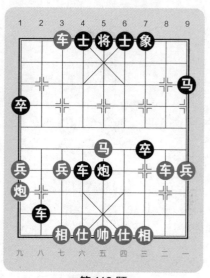

第110题
难度系数 ****

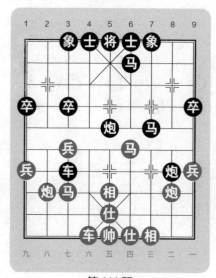

第111题
难度系数 ****

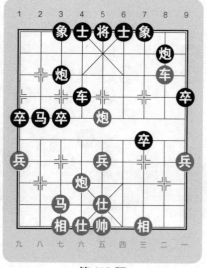

第112题
难度系数 ****

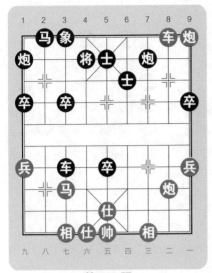

第113题
难度系数 ****

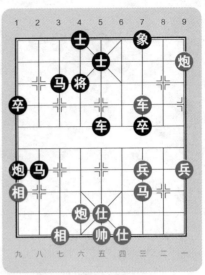

第114题
难度系数 ****

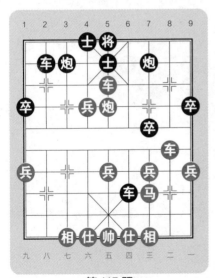

第115题
难度系数 ****

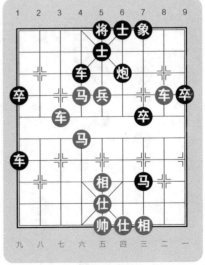

第116题
难度系数 ****

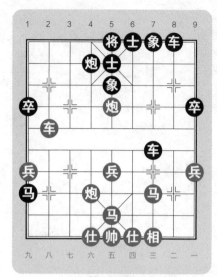

第 117 题
难度系数 ****

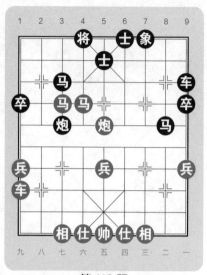

第 118 题
难度系数 ****

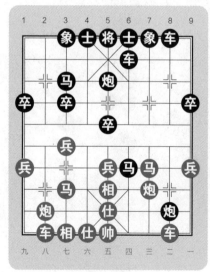

第 119 题
难度系数 ****

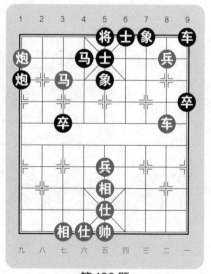

第 120 题
难度系数 ****

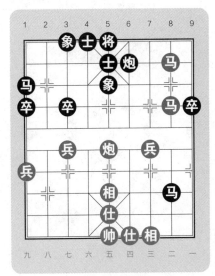

第121题
难度系数 ****

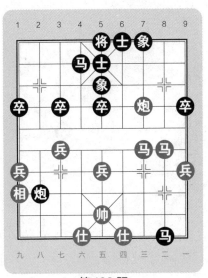

第122题
难度系数 ****

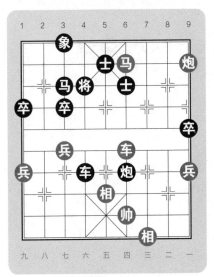

第123题
难度系数 ****

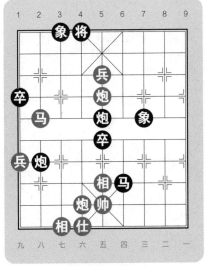

第124题
难度系数 ****

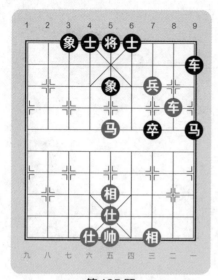

第125题
难度系数 ****

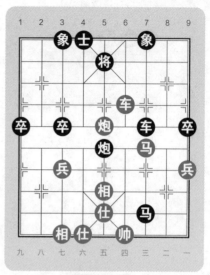

第126题
难度系数 ****

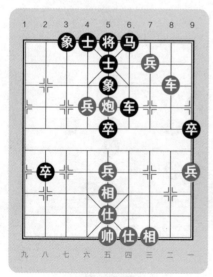

第127题
难度系数 ****

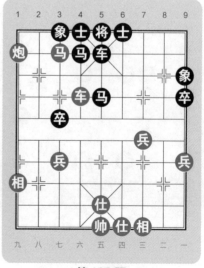

第128题
难度系数 ****

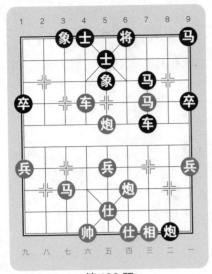

第 129 题
难度系数 ****

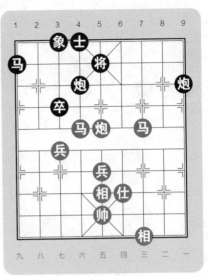

第 130 题
难度系数 ****

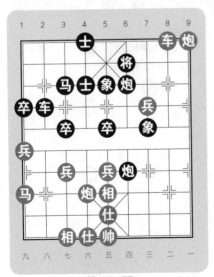

第 131 题
难度系数 ****

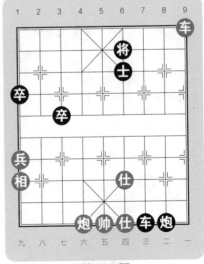

第 132 题
难度系数 ****

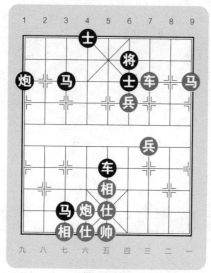

第133题
难度系数 ****

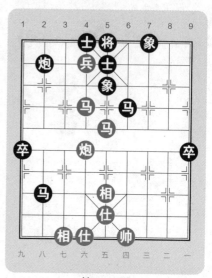

第134题
难度系数 ****

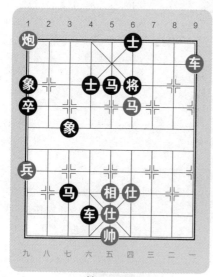

第135题
难度系数 ****

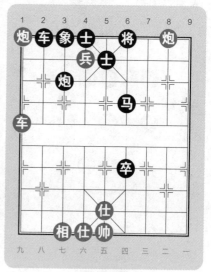

第136题
难度系数 ****

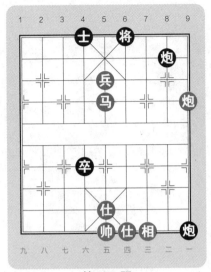

第 137 题
难度系数 ****

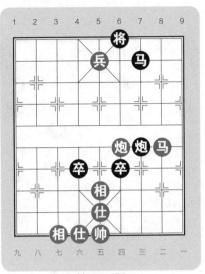

第 138 题
难度系数 ****

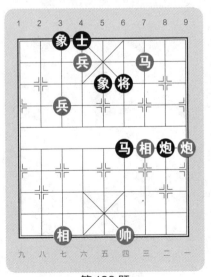

第 139 题
难度系数 ****

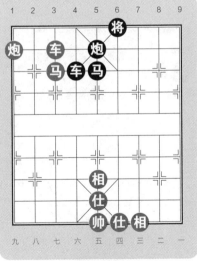

第 140 题
难度系数 ****

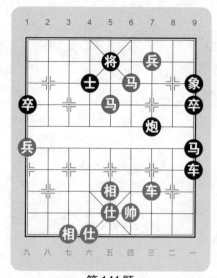

第141题
难度系数 ****

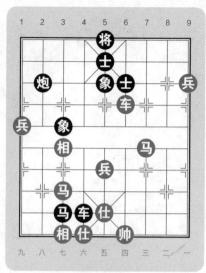

第142题
难度系数 ****

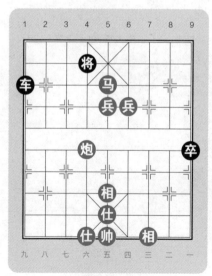

第143题
难度系数 ****

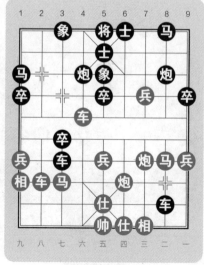

第144题
难度系数 *****

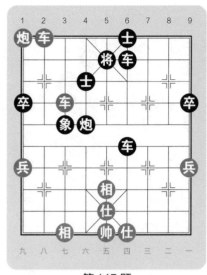

第 145 题
难度系数 *****

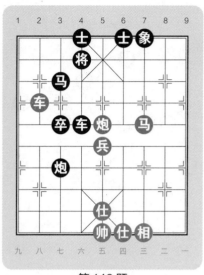

第 146 题
难度系数 *****

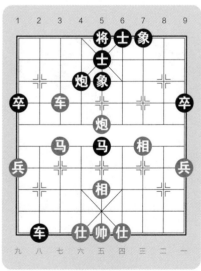

第 147 题
难度系数 *****

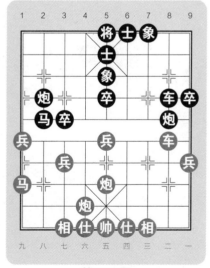

第 148 题
难度系数 *****

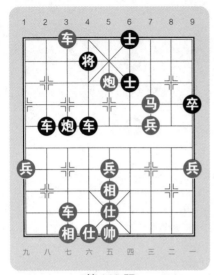

第149题
难度系数 *****

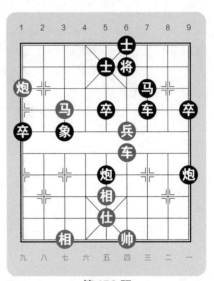

第150题
难度系数 *****

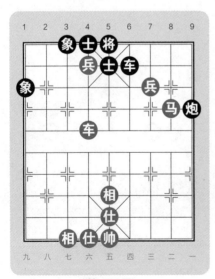

第151题
难度系数 *****

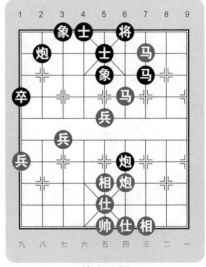

第152题
难度系数 *****

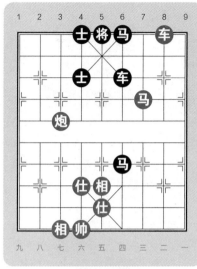

第153题
难度系数 *****

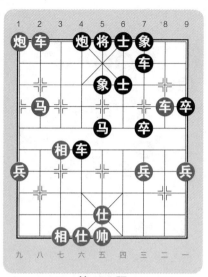

第154题
难度系数 *****

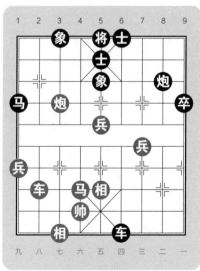

第155题
难度系数 *****

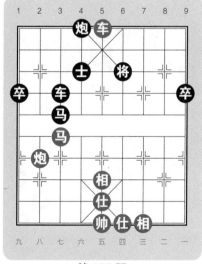

第156题
难度系数 *****

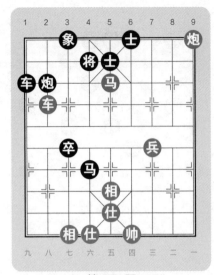

第 157 题
难度系数 *****

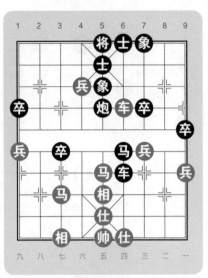

第 158 题
难度系数 *****

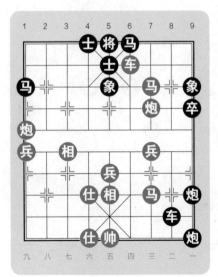

第 159 题
难度系数 *****

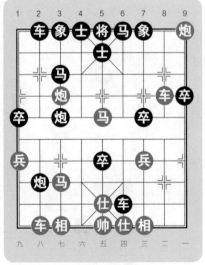

第 160 题
难度系数 *****

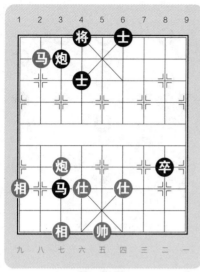

第 161 题
难度系数 *****

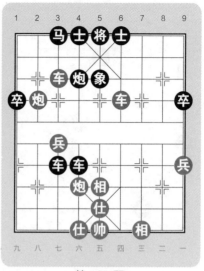

第 162 题
难度系数 *****

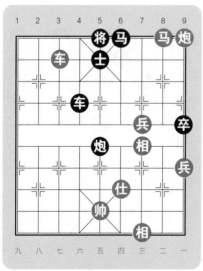

第 163 题
难度系数 *****

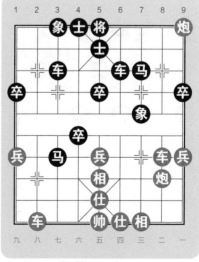

第 164 题
难度系数 *****

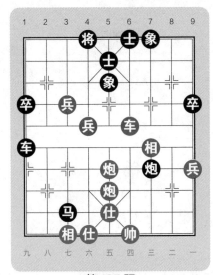

第165题
难度系数 *****

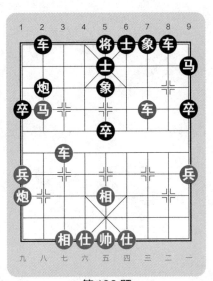

第166题
难度系数 *****

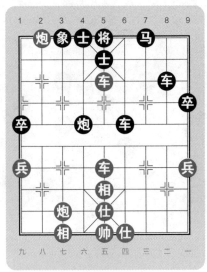

第167题
难度系数 *****

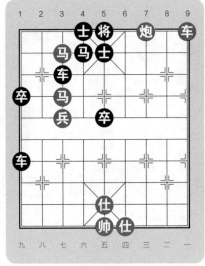

第168题
难度系数 *****

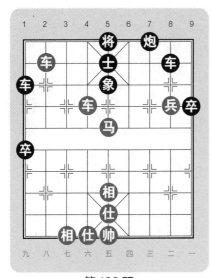

第 169 题
难度系数 *****

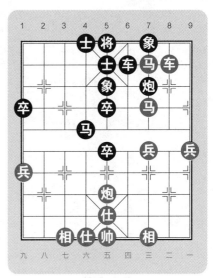

第 170 题
难度系数 *****

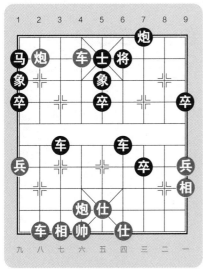

第 171 题
难度系数 *****

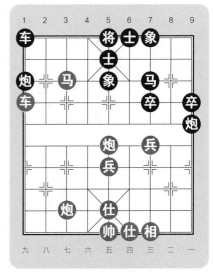

第 172 题
难度系数 *****

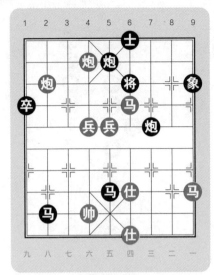

第173题
难度系数 *****

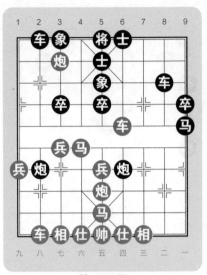

第174题
难度系数 *****

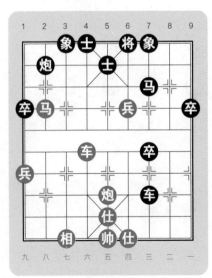

第175题
难度系数 *****

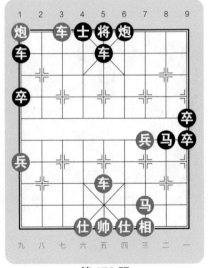

第176题
难度系数 *****

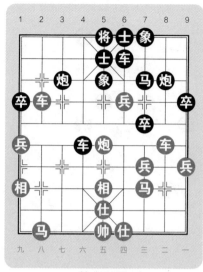

第177题
难度系数 *****

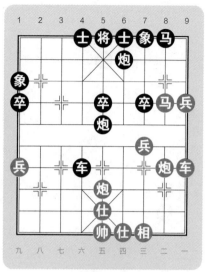

第178题
难度系数 *****

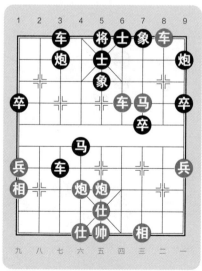

第179题
难度系数 *****

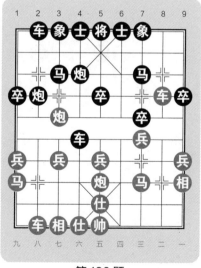

第180题
难度系数 *****

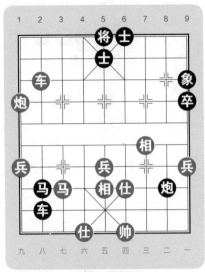

第181题
难度系数 *****

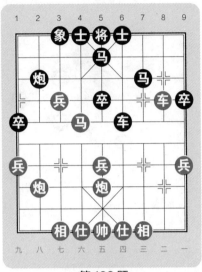

第182题
难度系数 *****

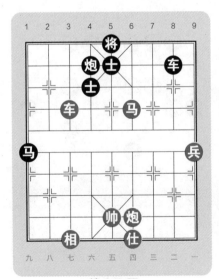

第183题
难度系数 *****

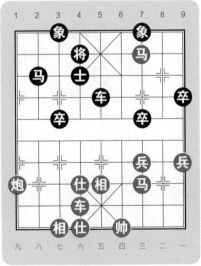

第184题
难度系数 *****

132

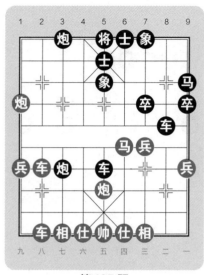

第185题
难度系数 *****

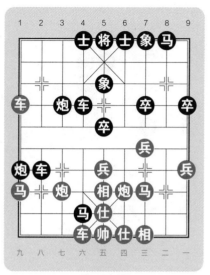

第186题
难度系数 *****

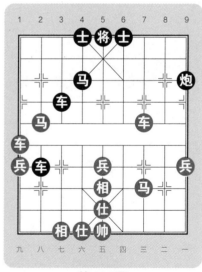

第187题
难度系数 *****

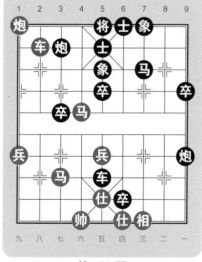

第188题
难度系数 *****

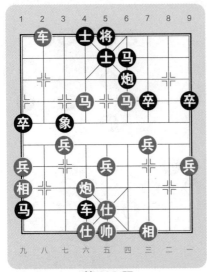

第189题
难度系数 *****

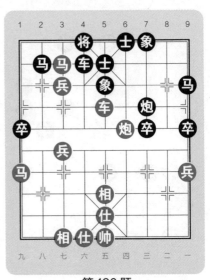

第190题
难度系数 *****

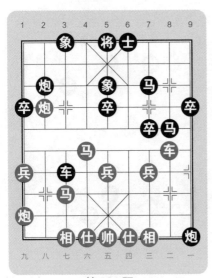

第191题
难度系数 *****

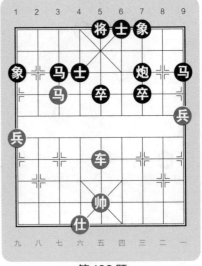

第192题
难度系数 *****

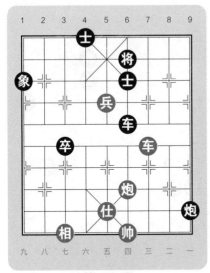

第 193 题
难度系数 *****

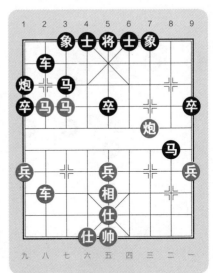

第 194 题
难度系数 *****

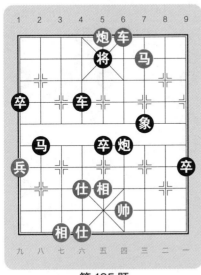

第 195 题
难度系数 *****

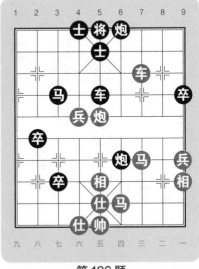

第 196 题
难度系数 *****

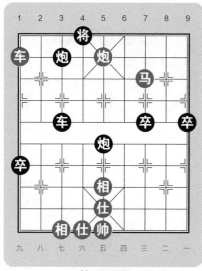

第197题
难度系数 *****

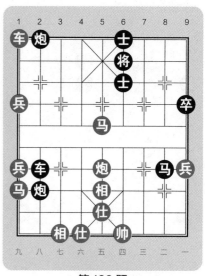

第198题
难度系数 *****

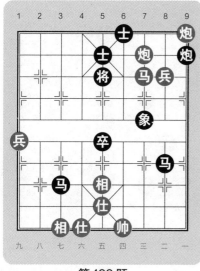

第199题
难度系数 *****

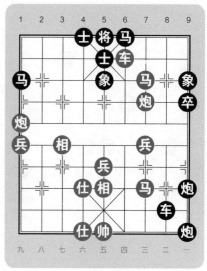

第200题
难度系数 *****

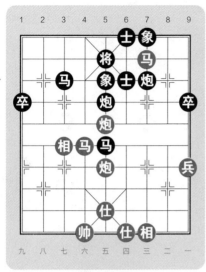

第 201 题
难度系数 ******

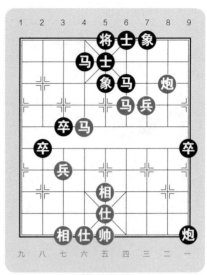

第 202 题
难度系数 ******

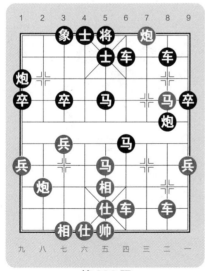

第 203 题
难度系数 ******

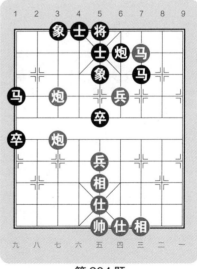

第 204 题
难度系数 ******

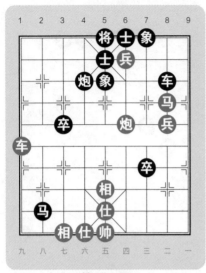

第205题
难度系数 ******

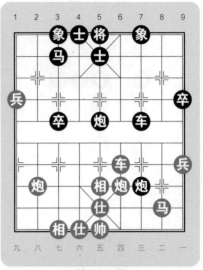

第206题
难度系数 ******

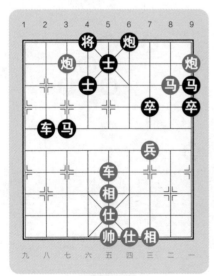

第207题
难度系数 ******

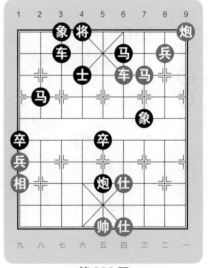

第208题
难度系数 ******

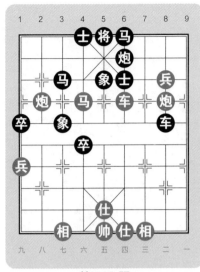

第209题
难度系数 ******

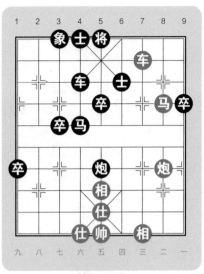

第210题
难度系数 ******

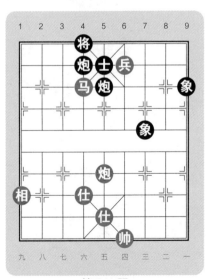

第211题
难度系数 ******

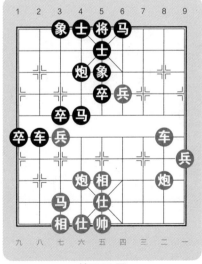

第212题
难度系数 ******

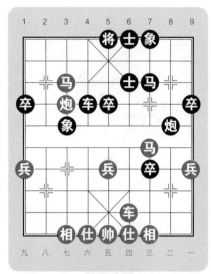

第 213 题
难度系数 *******

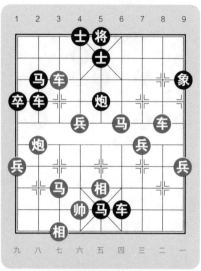

第 214 题
难度系数 ******

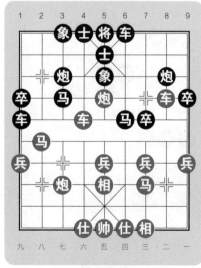

第 215 题
难度系数 ******

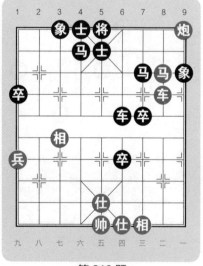

第 216 题
难度系数 ******

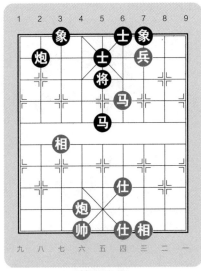

第 217 题
难度系数 ******

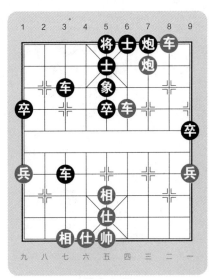

第 218 题
难度系数 ******

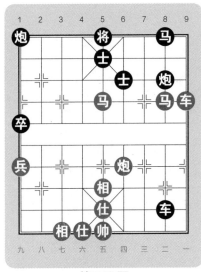

第 219 题
难度系数 ******

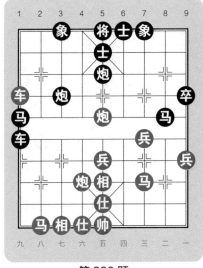

第 220 题
难度系数 ******

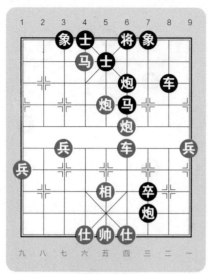

第221题
难度系数 ******

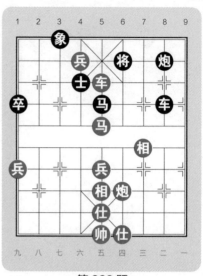

第222题
难度系数 ******

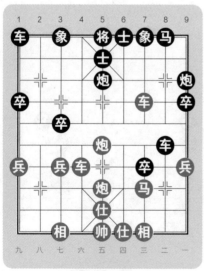

第223题
难度系数 ******

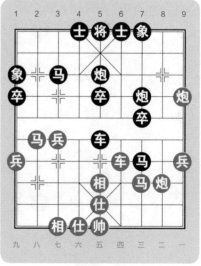

第224题
难度系数 ******

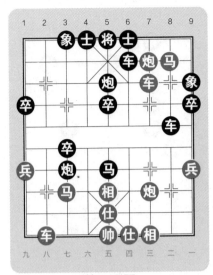

第 225 题
难度系数 ******

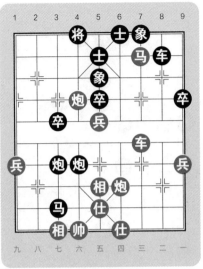

第 226 题
难度系数 ******

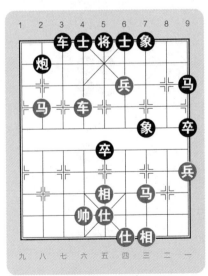

第 227 题
难度系数 ******

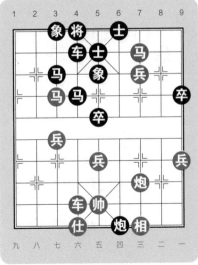

第 228 题
难度系数 ******

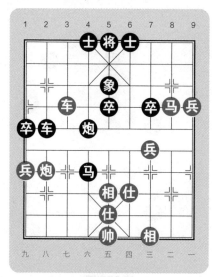

第229题
难度系数 ******

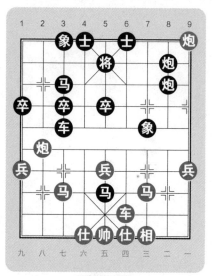

第230题
难度系数 ******

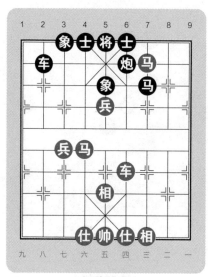

第231题
难度系数 ******

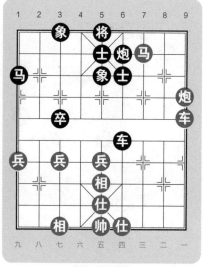

第232题
难度系数 *******

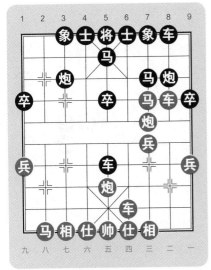

第 233 题
难度系数 *******

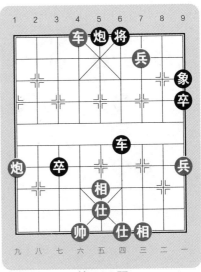

第 234 题
难度系数 *******

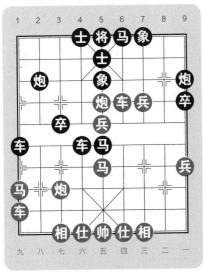

第 235 题
难度系数 *******

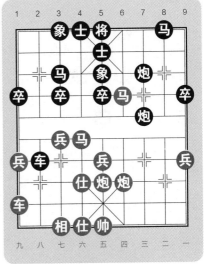

第 236 题
难度系数 *******

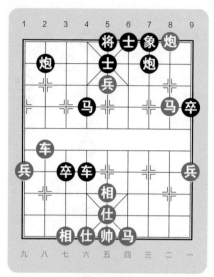

第 237 题
难度系数 *******

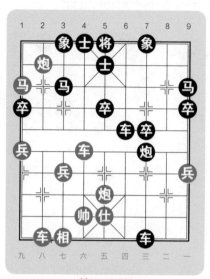

第 238 题
难度系数 *******

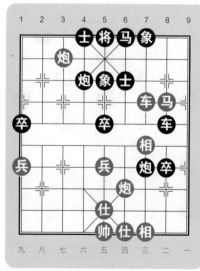

第 239 题
难度系数 *******

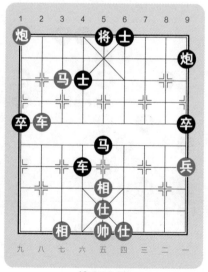

第 240 题
难度系数 *******

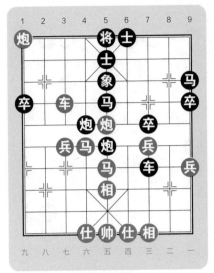

第 241 题
难度系数 *******

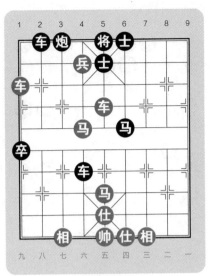

第 242 题
难度系数 *******

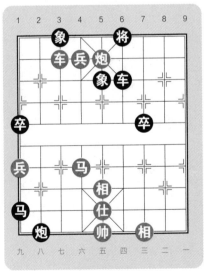

第 243 题
难度系数 *******

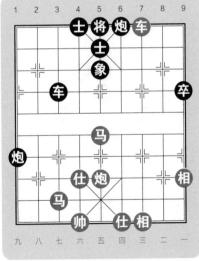

第 244 题
难度系数 *******

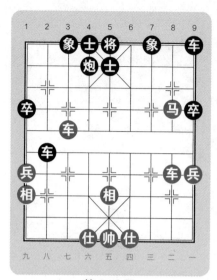

第245题

难度系数 *******

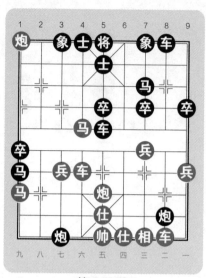

第246题

难度系数 *******

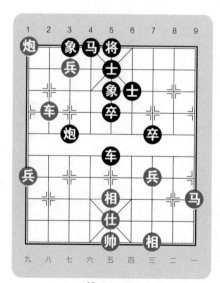

第247题

难度系数 *******

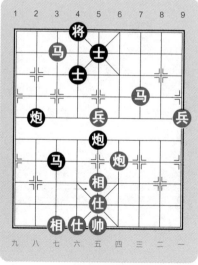

第248题

难度系数 *******

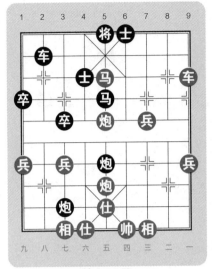

第249题
难度系数 *******

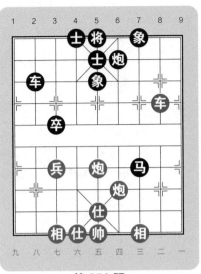

第250题
难度系数 *******

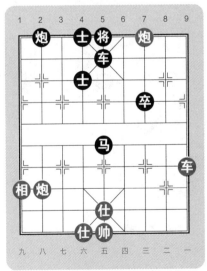

第251题
难度系数 *******

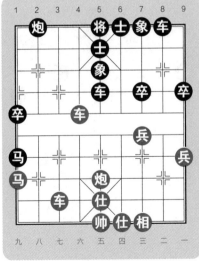

第252题
难度系数 *******

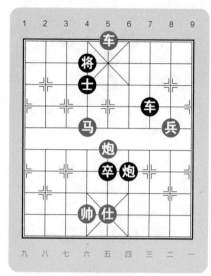

第 253 题
难度系数 *******

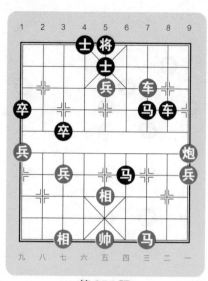

第 254 题
难度系数 *******

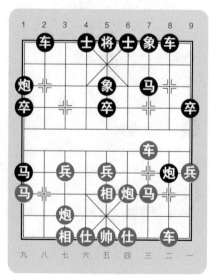

第 255 题
难度系数 *******

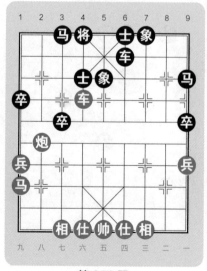

第 256 题
难度系数 *******

参考答案

第一章　谋车

第1题
① 炮九进三　士5退4
② 车四平六

第2题
① 炮一进一　士4进5
② 炮一平四

第3题
① 车二进二　车7退1
② 车二平三

第4题
① 炮六平五　卒7进1
② 炮五进六

第5题
① 马四退三　车6退3
② 马三进四

第6题
① 炮三退二　车3平2
② 炮三平八

第7题
① 马三进四　将5平6
② 马四退六

第8题
① 车四退七　士5进4
② 车四平一

第9题
① 车七进五　将4退1
② 炮二平九

第10题
① 炮五平二　车8进1
② 车九平二

第11题
① 车四平二　将6平5
② 车二退五

第12题
① 车四平八　车7退3
② 兵四平三

第13题
① 车二进一　车6退7

②炮九平四

第14题
①车五平七　车3平2
②车八进三

第15题
①炮八平五　车1平5
②车三平五

第16题
①炮七进二　士4进5
②马七进六

第17题
①车三退一　将5退1
②车三平八

第18题
①兵七进一　车4进3
②马八退六

第19题
①马五进六　车1平4
②后车进一

第20题
①马八进九　将5平6
②马九退七

第21题
①马四进三　车7退5
②炮七平三

第22题
①车六平四　车6平7

②车三进八

第23题
①炮六进七　马3退4
②马七进五

第24题
①车二退四　车4退2
②车二平四

第25题
①炮五进五　车8平5
②马六进五

第26题
①仕四退五　士5进6
②仕五进六

第27题
①车五平一　象5退3
②车一进四

第28题
①帅五平六　车6退5
②车六平四

第29题
①马一进三　车7退8
②炮八平三

第30题
①车四平五　将5平6
②马三进五　车3平5
③车五退三

152

第 31 题

① 马三退五　车 8 平 4

② 马五进四　士 5 进 6

③ 马五进六

第 32 题

① 车四平六　将 4 平 5

② 前炮平五　象 5 退 3

③ 车六退三

第 33 题

① 车五平六　炮 3 平 4

② 车六平八　炮 4 平 5

③ 车八进一

第 34 题

① 马四进二　车 7 平 4

② 马二进一　象 7 进 9

③ 马六进四

第 35 题

① 车二进五　士 5 退 6

② 马八进六　将 5 进 1

③ 马六进七

第 36 题

① 马三进二　车 8 进 6

② 车三平二　车 1 进 1

③ 炮二平一

第 37 题

① 车四平八　将 5 平 4

② 车八进一　将 4 退 1

③ 车八平三

第 38 题

① 炮三平六　车 2 进 5

② 炮六退三　车 2 平 4

③ 仕五退六

第 39 题

① 炮三平四　车 4 平 6

② 炮五平四　车 6 进 3

③ 马五退四

第 40 题

① 马四进六　将 5 平 4

② 车四退一　将 4 进 1

③ 车四退七

第 41 题

① 车五平八　将 5 平 4

② 车八进三　象 5 退 3

③ 车八退六

第 42 题

① 车五进二　车 8 进 6

② 炮七退一　车 6 进 1

③ 帅五平四

第 43 题

① 兵五平六　士 6 退 5

② 兵六进一　士 5 进 4

③ 马五进四

第 44 题

① 兵四平五　车 5 退 6

② 炮一进一　卒 3 平 4

③ 炮一平五

第 45 题
① 兵五进一　炮 8 平 5
② 车八进一　车 3 平 4
③ 车六退六

第 46 题
① 相七进五　车 7 平 5
② 车六退二　车 5 进 1
③ 炮五进五

第 47 题
① 车四平五　士 6 进 5
② 车五平二　士 5 退 6
③ 车二退五

第 48 题
① 炮七平六　将 4 平 5
② 马一退三　将 5 退 1
③ 马三进二

第 49 题
① 炮四平五　象 1 退 3
② 炮五进五　象 3 进 5

第 50 题
① 车七进二　将 4 进 1
② 车七退一　将 4 退 1
③ 车七平五

第 51 题
① 车八退一　车 4 进 2
② 马三进四　将 5 退 1
③ 车八平六

第 52 题
① 车二进五　将 6 进 1
② 炮七退二　车 5 平 3
③ 兵七进一

第 53 题
① 马二进三　车 7 退 8
② 车二平三

第 54 题
① 马六退七　车 4 退 3
② 车八平六　车 4 平 3
③ 兵七进一

第 55 题
① 炮五平六　炮 3 平 4
② 炮六进二　炮 4 退 5
③ 车九进一

第 56 题
① 马五进七　车 2 进 1
② 马七退六　卒 5 平 4

第 57 题
① 马四进三　炮 6 退 5
② 炮一平七　卒 3 进 1

第 58 题
① 马六进七　将 5 平 4
② 马七退五　车 7 平 5

第 59 题
① 车四进一　将 5 进 1
② 兵四进一　车 7 平 6
③ 马六进四

154

第60题

① 相五进七　炮6平5

② 炮五平九　车1进2

③ 相七退九

第61题

① 车三进三　士5退6

② 车三退六　象5退7

③ 车三平一

第62题

① 车六进三　车7平6

② 兵五平四　士5进6

③ 车六平四

第63题

① 车八进一　将5进1

② 兵八进一　车1退5

③ 兵八平九

第64题

① 马三进五　车3退2

② 车九进二　将4退1

③ 炮二进一　马3进5

④ 炮二平七

第65题

① 车七进一　将4进1

② 车七退一　将4退1

③ 车七平五　车2退1

④ 车五平八

第66题

① 车四退二　将5进1

② 马六进五　车2平5

③ 车四平五　将5平4

④ 车五进四

第67题

① 马四进二　将6平5

② 马二进三　车6退4

③ 车二退一　士5进6

④ 炮四进六

第68题

① 后炮平四　车2进3

② 炮四进三　车2平5

③ 炮四进二　将6平5

第69题

① 车五平四　马8退6

② 车四平六　车4平6

③ 车六进三　车6进6

④ 帅五平四

第70题

① 马八进七　车3退8

② 车四进五　将5进1

③ 车四退一　将5退1

④ 车四平七

第71题

① 马四进五　士4进5

② 车四退四　车3进1

③ 炮三退一　车9平7

④ 马五进三

第72题

① 车七进四　车5退1

② 炮八进一　象7进5

③ 车七平六　炮8平6

④ 炮八平五

第73题

① 马三进四　车8退1

② 马四进六　车8平4

③ 车八退一　车4进1

④ 前兵平六

第74题

① 车七进二　士5退4

② 马四进六　将5进1

③ 车七退一　将5进1

④ 马六退五

第75题

① 兵三进一　车5退3

② 车九平八　炮1平9

③ 车八退一　将4退1

④ 车八平五

第76题

① 兵四平五　将5进1

② 车四进四　将5退1

③ 车四平六　炮1进6

第77题

① 马四进六　炮6平5

② 车五平四　将6平5

③ 马六进七　将5退1

④ 马七退八

第78题

① 炮四进四　车4进3

② 炮四平五　炮7平6

③ 炮二进三　车9平8

④ 马三进二

第79题

① 车四退二　象7退5

② 马五退七　车1平3

③ 车四退一　象5进3

④ 车四平七

第80题

① 车八进四　车4进1

② 炮九退二　马7进6

③ 炮九平六　炮8平4

第81题

① 马六进七　将5进1

② 炮五平八　车2进1

③ 马七退六　将5退1

④ 车六平八

第82题

① 车二进九　象5退7

② 车二平三　将6进1

③ 炮五平四　车6退2

④ 兵三平四

第83题

① 前车平四　将6平5

② 车六进五　象3进1

③前炮平八　车2平3
④炮八平一

第84题

①马三进四　炮7平6
②马四进六　将5平4
③马六进七　士5进4
④车六进一　炮6平4

第85题

①炮六进三　士5进4
②车一进三　车6进3
③仕五退四　炮7平5
④帅五平六　炮5退4
⑤炮六平二

第86题

①马四进五　车2平5
②车四进二　将5退1
③炮五进三　炮2进5
④相七进五　炮1平3
⑤炮五平一

第87题

①车九平七　车1平2
②兵九进一　炮6平8
③炮五平八　炮5平2
④马八退六　士5进4
⑤炮八进三

第88题

①兵七进一　将4进1
②仕五退四　车4退1

③车五进四　炮2平5
④车五平六　将4平5
⑤车六退七

第89题

①炮九平六　车2平4
②兵六进一　后马进6
③车五退二　马6进7
④兵六进一　车4进1
⑤仕五进六

第90题

①车三平五　士6进5
②车五平四　车6平5
③车四进一　车5进1
④车四平七　车5进1
⑤兵五进一

第91题

①车四平八　车8平6
②帅四平五　车6退1
③车八进一　将5退1
④车八进一　将5退1
⑤车八平四

第92题

①车三退一　车6退3
②炮二平三　炮5平7
③炮一退一　车6平5
④炮一平五　炮7平6
⑤炮五进一

第93题

① 炮二进八　士5进6

② 车四进一　车4平3

③ 车四进二　将5进1

④ 车四退一　将5退1

⑤ 车四平七

第94题

① 炮七进三　炮9平6

② 帅五平四　马9进8

③ 兵三进一　卒7进1

④ 炮七平四　车5进2

⑤ 兵六平五

第95题

① 炮四平六　炮4平3

② 马三进五　炮3退1

③ 车八进二　车3退3

④ 马五进七　马1进3

⑤ 车八平七　炮6进1

⑥ 炮三平二

第96题

① 炮六进五　车7平4

② 帅六平五　士5退4

③ 炮六退三　马3进5

④ 车七进一　马5退3

⑤ 炮六平五　将5平6

⑥ 车六退五

第97题

① 车四平三　车8退1

② 车三进四　车2进4

③ 车七平五　士4退5

④ 车五平二　士5进6

⑤ 车二进三　将5进1

⑥ 炮五退一

第98题

① 车二平三　车1退1

② 车三进三　将6退1

③ 车三进一　将6进1

④ 兵四平三　车1平5

⑤ 马五进三　车5平7

⑥ 兵三进一

第99题

① 车九进三　士5退4

② 马六进四　将5进1

③ 车九退一　车4退5

④ 炮三平五　将5平6

⑤ 车九平六　将6进1

第100题

① 车四平七　前车进1

② 仕六进五　前车退4

③ 车七退一　将5进1

④ 车七平四　车6退3

⑤ 炮二平四　将5平6

⑥ 炮四进一

第二章　谋马

第1题
① 车二平四　将4进1
② 车四退一

第2题
① 炮七进六　士4进5
② 车六进一

第3题
① 炮五平三　车4进1
② 车四进一

第4题
① 炮九进三　象3进1
② 炮九退五

第5题
① 车八平五　将5平6
② 车五退二

第6题
① 车七平九　马1退3
② 马五退七

第7题
① 炮七平九　车1平3
② 炮九进四

第8题
① 车八进五　炮9平6
② 车八平七

第9题
① 车二平六　将4平5

② 车六退一

第10题
① 兵三平四　车6进1
② 车六平五

第11题
① 马八进七　将5退1
② 马七进五

第12题
① 马三退四　将4进1
② 炮五平八

第13题
① 炮四平五　卒3进1
② 炮五退二

第14题
① 兵八平七　象3退5
② 兵七平六

第15题
① 炮二平六　车7进1
② 炮六进六

第16题
① 车三平六　马7进9
② 车六进二

第17题
① 车一平二　炮9平8
② 车二退五

第18题
① 车七进一　车2平3

② 车七平八

第 19 题

① 车三退二　炮 4 平 5
② 车三平一

第 20 题

① 兵二进一　车 4 平 1
② 兵二平一

第 21 题

① 车三退七　马 5 进 7
② 车三退一

第 22 题

① 马一退二　将 6 退 1
② 马二退三

第 23 题

① 兵四进一　将 5 进 1
② 车九平六

第 24 题

① 炮五平六　马 6 退 4
② 马四退六

第 25 题

① 炮三退三　将 4 平 5
② 炮三平六

第 26 题

① 车七平二　车 4 进 5
② 车二进二

第 27 题

① 炮一平二　前马退 6

② 炮二退三

第 28 题

① 炮七进一　马 4 进 2
② 炮七平四

第 29 题

① 炮七进四　车 6 进 5
② 炮五进二　象 3 进 5
③ 马六进五

第 30 题

① 相三进一　车 2 平 1
② 车三退七　马 9 退 8
③ 炮六平二

第 31 题

① 马七进八　将 4 平 5
② 兵四进一　马 5 退 3
③ 马六进七

第 32 题

① 马八退六　将 4 平 5
② 兵五平四　士 5 进 6
③ 马六进四

第 33 题

① 炮九平七　象 3 进 5
② 炮七退一　车 5 平 9
③ 车八平七

第 34 题

① 马八退七　车 2 退 3
② 马七退六　车 2 平 4
③ 炮四进五

第35题
① 兵九进一　炮4进3
② 兵九进一　炮4进2
③ 兵九进一

第36题
① 车四进二　炮9退2
② 炮五平一　卒9进1
③ 车四平六

第37题
① 车六平五　将5平6
② 车五平三　士6进5
③ 炮三平四

第38题
① 后炮平一　马9进8
② 马一退二　马6退5
③ 兵二进一

第39题
① 马五进七　车2退3
② 车三退四　马6进5
③ 炮七进七

第40题
① 车二平六　将4平5
② 炮三平五　马7进5
③ 车六平五

第41题
① 炮六退二　马9进7
② 马六退七　将4平5
③ 马七退九

第42题
① 炮九平七　车3平6
② 炮七平六　将4平5
③ 马七进六

第43题
① 炮四进五　炮7进3
② 相三进五　炮7平5
③ 马六进七

第44题
① 车七进六　将6进1
② 车七退四　将6退1
③ 车七平九

第45题
① 马八退七　将4平5
② 炮八平六　炮4平1
③ 兵五进一

第46题
① 车二进二　士4进5
② 车二进一　士5退4
③ 车二平三

第47题
① 车六平七　车5平2
② 马九进七　炮4进1
③ 车七退四

第48题
① 马三进二　马9进8
② 车三退四　马3进4
③ 车三平二

第49题

① 帅五平六　士5进4

② 炮二平五　士6进5

③ 车七进一

第50题

① 马八进七　马6退4

② 帅五平四　士5进6

③ 车四平六

第51题

① 炮八平五　车2进7

② 马七退八　马5进4

③ 车三进一

第52题

① 车五平七　车3进1

② 马九进七　士5退4

③ 车九平七

第53题

① 炮九退一　马5退3

② 车八退一　将6退1

③ 炮九平七

第54题

① 炮二平三　车8进6

② 马三退二　象3进5

③ 炮三进三

第55题

① 炮一进二　马7退8

② 马三进四　象3进5

③ 车二进九

第56题

① 兵九平八　马5退7

② 车四平三　车3退2

③ 车三进二

第57题

① 仕五进六　将4平5

② 炮六平五　将5平4

③ 炮五进四

第58题

① 兵六进一　马6退4

② 兵五平六　将4平5

③ 炮二退八

第59题

① 车三进二　炮9进2

② 帅五平四　炮8平6

③ 车三平一

第60题

① 炮七进六　炮7平3

② 后马进八　马1进3

③ 马六进七

第61题

① 车七平五　炮4平5

② 帅五平六　马4退5

③ 车五退一

第62题

① 炮八平七　车2平3

② 炮七退二　车3进2

③ 车八进三

第63题
① 车六进一　马7进5
② 相七进五　炮1进3
③ 炮七退一

第64题
① 车八退一　将4退1
② 马四进二　马6退7
③ 车八平三

第65题
① 车四退二　车3平4
② 兵四进一　车4退1
③ 兵四平三

第66题
① 帅五平四　卒1进1
② 车二退三　马7退6
③ 帅四进一

第67题
① 兵三平四　将6平5
② 兵四进一　马5退6
③ 马二进四

第68题
① 炮四平五　车5平3
② 炮五进四　士5进4
③ 炮五平一

第69题
① 车七平五　象7进5
② 车五退二　车4退1
③ 相三进五

第70题
① 炮五进一　炮6平7
② 马八进六　车1平4
③ 炮五进二

第71题
① 兵四平五　将5退1
② 炮六平五　将5平4
③ 炮五进三

第72题
① 马六进四　将5进1
② 车四平七　将5平6
③ 马四进二　将6平5
④ 车七退一

第73题
① 马六进七　马3进4
② 车三进三　将5平4
③ 马七进八　将4平5
④ 车三平六

第74题
① 马九进七　士6进5
② 车六平一　车2平7
③ 车一平九　马2进3
④ 车九进一

第75题
① 前兵平六　将4平5
② 兵六进一　将5平6
③ 车九平四　将6平5
④ 车四平三

163

第76题

① 马七退六　马5退4

② 炮五平六　士5进4

③ 马六进七　将4平5

④ 马七进六

第77题

① 车四退二　马7进5

② 马七退六　车7平8

③ 马三进四　车8进5

④ 马四退五

第78题

① 车二进三　炮5退2

② 车三平二　车2进4

③ 车二进二　车8平7

④ 后车进二

第79题

① 炮九平五　士5进4

② 车六平三　士6退5

③ 兵四平五　士4退5

④ 炮五平二

第80题

① 前炮平九　炮9平5

② 相七进五　炮5平1

③ 车六平五　车6平5

④ 炮五进四

第81题

① 车七平八　卒9平8

② 马三进二　车6平8

③ 马二退四　卒5进1

④ 车八退一

第82题

① 兵二进一　士4进5

② 兵二平三　炮6进3

③ 车一平四　炮6平3

④ 车四退五

第83题

① 车八进四　将4退1

② 炮九进一　马1退2

③ 车八进一　将4进1

④ 马五退四

第84题

① 炮九进一　车2退1

② 车七进一　车2平4

③ 炮九平六　车4平5

④ 车七平六

第85题

① 炮八平六　将4平5

② 后炮平五　士6进5

③ 炮五进二　将5平4

④ 炮六退三

第86题

① 炮九平七　炮5进4

② 车六进五　马6退5

③ 兵七进一　车3平2

④ 炮七进四

第 87 题

① 兵六进一　车 5 进 1

② 马四进六　将 5 进 1

③ 车四进三　将 5 平 4

④ 车四进二

第 88 题

① 车七退一　士 6 进 5

② 车七退一　车 2 进 1

③ 马六进七　炮 4 退 5

④ 车七进三

第 89 题

① 车二平五　卒 7 进 1

② 相五进三　将 4 平 5

③ 车五进二　车 5 平 3

④ 兵九进一

第 90 题

① 兵二进一　炮 7 平 5

② 兵二进一　车 4 进 5

③ 仕四进五　炮 5 平 4

④ 兵二进一

第 91 题

① 马六进五　将 6 进 1

② 马五进四　炮 5 平 2

③ 马四退二　将 6 平 5

④ 炮二退八

第 92 题

① 车二平五　将 5 平 6

② 炮九平六　炮 7 进 2

③ 马七进八　后炮退 1

④ 炮六退三

第 93 题

① 马六进八　车 1 平 4

② 车七平九　马 1 进 3

③ 车九进一　车 9 平 5

④ 车九平七　车 4 进 7

⑤ 车七退六

第 94 题

① 车八退二　卒 7 进 1

② 马七退九　马 7 进 8

③ 马九进八　马 8 进 9

④ 车八平七　车 4 退 2

⑤ 马八进七

第 95 题

① 炮五进一　士 5 进 4

② 马六退七　炮 5 退 1

③ 兵四进一　卒 9 平 8

④ 兵四平五　炮 5 退 2

⑤ 马七进八

第 96 题

① 车二进七　车 1 退 2

② 炮六进二　象 5 进 7

③ 车二平四　将 6 平 5

④ 炮六平五　象 7 退 5

⑤ 车四平一

第 97 题

① 车四退四　炮 8 平 7

②马三退一　马7进9

③车四平二　车9平7

④炮九平一　车7进3

⑤炮一退二

第98题

①车八进三　士5退4

②炮七平五　马6进5

③车八退一　士4进5

④炮五进四　将5平6

⑤炮五平七

第99题

①马八进九　马5进3

②马九进七　将5进1

③车四进四　炮7平5

④帅五平四　车8退1

⑤车四平三

第100题

①车七进四　马2进1

②车七退一　马1退2

③车七平八　马2进4

④车八进一　将5平4

⑤车八平七　将4平5

⑥车七平六

第三章　谋炮

第1题

①马四进三　士5进6

②马三进一

第2题

①马七进八　将4退1

②马四进六

第3题

①炮二平五　炮8平5

②炮五进三

第4题

①后炮平二　前马退5

②炮二进三

第5题

①车五进二　士6进5

②车五平一

第6题

①马五进六　将5平4

②马六进八

第7题

①马二进三　车8平7

②马三退四

第8题

①炮五平四　将5退1

②炮四进二

第9题

①前车进一　将6进1

②炮五进五

第10题

①马五进四　将4平5

②马四进二

166

第 11 题
① 车六平九　　马 9 进 7
② 车九进一

第 12 题
① 车六平二　　将 4 退 1
② 车二退四

第 13 题
① 车四平五　　将 5 平 6
② 车五退一

第 14 题
① 车九进四　　炮 9 平 2
② 车九平八

第 15 题
① 炮五平八　　马 7 进 6
② 炮八进五

第 16 题
① 车三进一　　车 8 平 7
② 炮三进六

第 17 题
① 兵四进一　　将 5 平 6
② 车六平二

第 18 题
① 车七进一　　炮 4 退 2
② 车七平八

第 19 题
① 车一平六　　将 4 平 5
② 车六退三

第 20 题
① 炮一退一　　将 6 进 1
② 炮二平六

第 21 题
① 兵三进一　　马 6 进 7
② 马八退六

第 22 题
① 车四进一　　将 5 进 1
② 车四平六

第 23 题
① 车四平六　　士 5 进 4
② 炮五进五

第 24 题
① 车六退一　　炮 3 退 2
② 车六平四

第 25 题
① 炮五平二　　马 2 进 1
② 炮二进五

第 26 题
① 兵五进一　　将 5 平 6
② 马七进六

第 27 题
① 车八平四　　炮 3 平 1
② 炮九退九

第 28 题
① 车七平五　　象 7 退 5
② 车五退一

第29题
① 车五平四　炮7平6
② 炮四进六

第30题
① 车七退一　象3进1
② 车七退二

第31题
① 车六进二　将4平5
② 车六平三

第32题
① 炮六平四　将5退1
② 炮四退六

第33题
① 炮三进五　将5进1
② 炮三平七

第34题
① 车二进六　士5进4
② 车二平五

第35题
① 马三退二　将6平5
② 马二进一

第36题
① 炮九进一　炮3进9
② 相五退七

第37题
① 马七退六　将5平6
② 马六退八

第38题
① 炮九进二　车2平3
② 车八进二

第39题
① 车三平二　象9进7
② 车二退八

第40题
① 车二退九　炮9平7
② 车二平三

第41题
① 马五进六　炮6平5
② 炮五进七

第42题
① 马三退五　马5进4
② 马五退四

第43题
① 车六进七　马6进5
② 车八进九

第44题
① 马六进四　象7退5
② 马七进八　将4平5
③ 马四退二

第45题
① 马四退二　卒5平4
② 车一退三　炮8平6
③ 马二退四

168

第46题
① 马五进六　将5进1
② 车六平九　将5平6
③ 车九退六

第47题
① 炮三进四　将4进1
② 车三平七　炮4平3
③ 车七进一

第48题
① 马一进三　将6进1
② 马三退二　炮7退2
③ 马四进三

第49题
① 马四退二　前炮进1
② 马六退四　车4退2
③ 相五退三

第50题
① 炮四进五　车5平7
② 炮四平八　马7进6
③ 相三进五

第51题
① 炮八平二　炮5平3
② 炮二进三　士4进5
③ 炮二平七

第52题
① 车六平二　炮8平9
② 车二退四　马3进4
③ 车二平一

第53题
① 马四进三　将5平4
② 车二平四　士6进5
③ 兵三进一

第54题
① 车四平八　车3进1
② 仕五退六　车3退3
③ 车八退三

第55题
① 车六平二　炮5平8
② 马五进四　将5平6
③ 马四退二

第56题
① 马五进七　炮4进1
② 前马退八　士5退4
③ 车八平六

第57题
① 马五退七　炮7平3
② 马八退九　马6退7
③ 马九进七

第58题
① 车七进二　炮4退3
② 炮一退一　车7退4
③ 炮一平六

第59题
① 车三平二　车1平2
② 炮一进七　炮2平9
③ 车二进二

第60题
① 兵九进一　马1进3
② 兵九进一　马3进1

第61题
① 炮二平四　炮2平6
② 前马退二　将6平5
③ 炮四进六

第62题
① 兵六进一　将4平5
② 马七退六　马6退5
③ 马六退五

第63题
① 马三进二　将6平5
② 车三平九　炮9平3
③ 车九进一

第64题
① 车八平七　炮3平1
② 车七退一　炮8退7
③ 车七平九

第65题
① 马八进七　炮2退3
② 车六退二　车8平4
③ 马七退六

第66题
① 马一进二　车6进6
② 帅五进一　将6平5
③ 车三退一

第67题
① 炮三平五　卒1进1
② 相五进三　卒1进1
③ 炮五进四

第68题
① 炮一进二　士5进6
② 炮一平九　车1平4
③ 车八平九

第69题
① 马四退三　炮5平2
② 兵六平五　将5平4
③ 兵五平四

第70题
① 车二进三　将6进1
② 车二退六　车5退2
③ 炮一平七

第71题
① 车六退三　后炮平5
② 车六平四　将6平5

第72题
① 马七退六　将4退1
② 马六退七

第73题
① 兵八进一　马8退7
② 帅四退一　士6进5
③ 兵八进一

第74题
① 车六平三　炮7平8

② 车三退一　将 5 退 1

③ 马四进二

第75题

① 炮二进一　将 6 进 1

② 车四平二　车 9 平 8

③ 炮二退六

第76题

① 车四退一　士 6 退 5

② 车四退五　将 4 退 1

③ 车四平三

第77题

① 车七进三　将 4 进 1

② 马六进七　炮 4 平 3

③ 车七退二

第78题

① 马七进六　炮 5 进 4

② 马五进七　炮 5 退 1

③ 马六退八

第79题

① 马七进九　车 3 平 1

② 车六平七　炮 3 平 1

③ 仕五退六

第80题

① 车六平七　后炮平 4

② 车七进三　炮 4 退 1

③ 车七退四　象 1 退 3

④ 车七平八

第81题

① 车四平五　炮 4 平 5

② 车五进一　车 3 退 3

③ 炮八平七　马 3 退 5

④ 马八退七

第82题

① 马二进三　炮 6 退 1

② 炮二进六　车 1 退 1

③ 仕六进五　士 5 进 6

④ 炮二平四

第83题

① 马四进三　炮 4 平 6

② 兵五平四　将 5 进 1

③ 兵四进一　将 5 平 6

④ 马三退四

第84题

① 车七进六　炮 5 平 6

② 车四进一　士 6 进 5

第85题

① 马四进三　将 5 平 4

② 马六进四　士 5 进 4

③ 炮二平六　士 4 退 5

④ 马四进二

第86题

① 帅五平六　炮 6 平 1

② 帅六退一　炮 1 进 4

③ 相七进五　炮 1 平 5

④ 帅六平五

第87题

① 仕五进六　炮1平4

② 车四退一　将4退1

③ 兵五进一　车5进1

④ 马四进六

第88题

① 车四平二　车9退3

② 炮二退二　马8退6

③ 炮六平八　马4进5

④ 炮八进五

第89题

① 车一平二　炮8平7

② 车二进二　车6退2

③ 车二平三　将6退1

④ 兵六进一

第90题

① 马四进二　后炮平7

② 仕五进四　马2进3

③ 车五平三　马3退5

④ 车三进三

第91题

① 车九进二　马5退3

② 车九平七　马3退1

③ 炮五平三　士5进6

④ 炮三退四

第92题

① 车一平四　马6退4

② 车四平六　卒3进1

③ 车八退七　炮4进3

④ 车六退一

第93题

① 马六进七　炮6进1

② 兵四进一　将5平6

③ 兵四进一　将6进1

④ 马七进八

第94题

① 马七退五　车6退2

② 车二进五　车6退4

③ 车二平四　将5平6

④ 炮五退三

第95题

① 车四平三　炮5进5

② 仕五进六　将6平5

③ 车三进二　将5进1

④ 车三退五

第96题

① 炮六退一　炮1进3

② 相七进九　炮1退4

③ 马四进六　炮1平4

④ 马五退七　将4退1

⑤ 马七退六

第97题

① 车八进三　士5退4

② 马四进三　炮4平6

③ 炮二进三　车1平4

④ 车八退一　士4进5

172

⑤炮二平四

第98题

①车八退五　炮5退1

②炮五进一　车4进2

③车八进六　车4退2

④车八退五　车4进6

⑤车八平五

第99题

①车四平七　炮3平2

②车七平八　炮2平3

③车四退五　车7进1

④车八进四　车7平1

⑤车四平七　卒1进1

⑥车七退一

第100题

①马三进五　马3退5

②帅五平四　炮9退1

③车七进六　士4进5

④车七平二　炮9进4

⑤车二退七　车5平8

⑥车二平一

第四章　谋士象及过河卒

第1题

①马四退二　象5进7

②兵四平三

第2题

①车四平五　炮5退4

②相五进七

第3题

①马四进二　炮6平8

②马二退三

第4题

①炮九平六　将4平5

②兵五平六

第5题

①马四进五　马8退9

②马五退七

第6题

①车七进三　将5进1

②车七平四

第7题

①马四进五　将5平4

②马五进三

第8题

①炮九平五　士4退5

②马七进六

第9题

①车七进三　马1进3

②车七平六

第10题

①车四进三　将6平5

②车一退一　将5退1

③车四进一

第11题
① 车二平五　马5退7
② 车五进四　士4进5
③ 车五退四

第12题
① 马二进四　炮4平5
② 炮五平九　马8进9
③ 马四进五

第13题
① 兵八平七　车9平4
② 炮七进五　象5退3
③ 车三进一

第14题
① 兵五进一　车6平5
② 兵五平六　车5退2
③ 兵六进一

第15题
① 马七进五　象3进5
② 车七进三　象5退7
③ 车七退一

第16题
① 炮五进二　将6进1
② 前车进一　车2进2
③ 炮五平九

第17题
① 炮六平五　象5进3
② 车六平四　卒6平7

③ 相五进三

第18题
① 马九退八　象3进1
② 马八退六　马6退4
③ 炮九进四

第19题
① 车四平六　车8平4
② 车六进二　士5进4
③ 炮一平四

第20题
① 马五退三　士5退4
② 马三进四　将5平6
③ 帅四平五

第21题
① 车一平八　炮9进2
② 车八进六　士5退4
③ 炮九平六

第22题
① 炮八进三　象5进3
② 炮八平六　炮8平4
③ 车九平七　马6退5
④ 炮四进二

第23题
① 车二平六　车7平4
② 车八平六　将5进1
③ 马九进八　车4退1
④ 车六退五

174

第24题

① 车七进一　车4退4

② 马四进五　车4平3

③ 马五退七　炮1平3

④ 兵五平四

第25题

① 车六平三　车6退1

② 车三进一　炮7进5

③ 车三退六　车6平8

④ 车三退一

第26题

① 马七退六　将4平5

② 车七进五　士5退4

③ 车七退一　车6平4

④ 马六退五

第27题

① 炮四退五　车2平5

② 马六进四　将5进1

③ 马四进三　将5平6

④ 炮四进三

第28题

① 车一平三　马2进1

② 车七进三　车5平7

③ 车三进四　象5进7

④ 车七进二

第29题

① 车四进二　马4进5

② 车四平九　将5退1

③ 车九进三　将5进1

④ 车九退一　将5退1

⑤ 车九平四

第30题

① 炮二退三　车3退2

② 兵六进一　车3退4

③ 炮二平五　士6进5

④ 炮五进三　将5平6

⑤ 炮五平一

第31题

① 车五平二　车5进1

② 车二进四　士5退6

③ 炮三进七　士6进5

④ 炮三平六　士5退6

⑤ 炮六平四

第32题

① 炮七平五　将5平4

② 车二平三　车4平3

③ 车三进五　马6进7

④ 马四进五　将4进1

⑤ 马五退三

第33题

① 车二进三　士4退5

② 炮二进八　马2进4

③ 炮二平五　将5平4

④ 车二平四　将4进1

⑤ 仕四退五

175

第 34 题
① 前炮平八　将 5 平 6
② 炮九进一　炮 2 退 1
③ 马七进六　炮 8 退 7
④ 马六进五　炮 8 平 5
⑤ 车七平六　将 6 进 1
⑥ 车六平五

第 35 题
① 炮五平六　士 5 进 4
② 兵六进一　将 4 平 5
③ 炮六平五　象 5 进 7
④ 马七退五　将 5 平 6
⑤ 马五退三　炮 8 平 7
⑥ 马三退五

第 36 题
① 车九进七　象 5 退 3
② 车九平七　将 4 进 1
③ 车七退一　将 4 退 1
④ 炮一平六　车 6 平 4
⑤ 兵四平五　士 6 进 5
⑥ 车七平五　马 5 进 7
⑦ 炮六平四

第 37 题
① 马二退四　马 5 退 7
② 马四进六

第 38 题
① 马六进四　士 5 进 6
② 马四退五

第 39 题
① 炮五平六　炮 6 平 4
② 车五退五

第 40 题
① 炮九退一　马 4 进 6
② 车六平八　炮 2 退 2
③ 相五进七

第 41 题
① 马六退五　车 1 进 2
② 车二平七　车 1 平 2
③ 马四进六

第 42 题
① 车七平八　象 5 退 3
② 车八退四

第 43 题
① 车五平四　将 6 平 5
② 炮九平八　炮 5 平 8
③ 车四平七　象 3 进 5
④ 车七退二

第 44 题
① 车四退五　炮 3 进 1
② 马一进三　马 9 退 7
③ 相三进一　车 8 平 6
④ 车四进三　马 7 退 6
⑤ 马三进一

第五章 综合练习

第1题
① 马六退四　车7平6
② 马四进三

第2题
① 炮三进五　马6进7
② 车一平三

第3题
① 车一平二　车2进4
② 炮九平二

第4题
① 马八进七　车5进1
② 兵五进一

第5题
① 炮五平六　将4平5
② 车九退五

第6题
① 车三退一　车5进2
② 车三平七

第7题
① 炮九进五　象3进1
② 炮九平二

第8题
① 兵二进一　马6进8
② 马四进二

第9题
① 车八进三　炮3退2

② 车八平九

第10题
① 炮六平四　马6退5
② 兵四平五

第11题
① 炮九平五　士6退5
② 炮五退二

第12题
① 车九平八　车3进1
② 车八退一

第13题
① 兵五进一　将5进1
② 车四进五

第14题
① 兵七进一　炮3进4
② 马四进六

第15题
① 马三退四　将5平6
② 马四退六

第16题
① 兵九平八　车2进1
② 炮一平六

第17题
① 车七平三　将5平6
② 车三进二

第18题
① 炮九平四　炮5平6

177

② 炮四进三

第 19 题

① 车八平二　车 1 进 4

② 车二进一

第 20 题

① 炮九进七　车 4 平 3

② 车七退一

第 21 题

① 马六进七　炮 4 平 7

② 后马进九　炮 8 平 1

③ 马七退九

第 22 题

① 马三进五　车 3 平 4

② 马五进四　马 4 退 6

③ 车四进一

第 23 题

① 车三退一　炮 6 退 3

② 车三平四　车 8 进 2

③ 车四进二

第 24 题

① 车三平五　车 8 退 6

② 车五退一　将 4 退 1

③ 车五平四

第 25 题

① 车四平二　马 6 退 7

② 炮五平二　马 7 进 8

③ 车二退一

第 26 题

① 炮六平八　车 5 平 2

② 车七进一　车 2 退 3

③ 车七进二

第 27 题

① 马四进三　马 3 进 5

② 车八进二　马 5 退 7

③ 炮三进六

第 28 题

① 马六进四　车 8 进 1

② 马四进六　车 8 退 1

③ 兵五进一

第 29 题

① 车四进七　马 3 进 5

② 后炮平六　马 5 退 7

③ 车二平七

第 30 题

① 车五平三　马 7 进 5

② 炮七平二　马 6 退 8

③ 车三退三

第 31 题

① 马六退七　马 8 进 9

② 马七进八　车 4 平 2

③ 炮三平八

第 32 题

① 相五进三　车 3 退 1

② 车二退三　卒 7 进 1

③ 车二平四

第33题

① 车七进二　士6进5

② 马八进六　士5进4

③ 车七平四

第34题

① 炮五平二　车6平8

② 车八平五　车8退1

③ 车五进二

第35题

① 车二进四　车5退3

② 车八退三　车5进2

③ 车二平三

第36题

① 兵四进一　将5平6

② 马六退五　将6平5

③ 马五进四

第37题

① 车八进九　炮4退4

② 车八退三　士5进6

③ 车八平五

第38题

① 炮一平六　马7退6

② 车八平六　车5平4

③ 炮六进三

第39题

① 车三进三　将6进1

② 车三退四　象5进7

③ 炮一平八

第40题

① 车二进三　炮5平2

② 车二平三　马8进7

③ 车三退一

第41题

① 马三进五　车3进1

② 马四退五　车3平4

③ 炮七进五

第42题

① 相五退三　象9退7

② 兵五进一　士4进5

③ 车八退二

第43题

① 车六退二　车3平4

② 马四退六　炮6平1

③ 炮四进六

第44题

① 炮八平七　车3平4

② 炮七进三　士4进5

③ 车八平七

第45题

① 车三平四　车9平8

② 车四进一　车8进7

③ 车四退四

第46题

① 炮九平二　士4进5

② 炮二进三　车2平6

③ 炮二进二

179

第 47 题

① 炮九进五　炮 5 进 1

② 车五进二　士 4 进 5

③ 车五平八

第 48 题

① 炮七平九　车 1 平 2

② 车八进一　卒 3 平 2

③ 车六平七

第 49 题

① 炮六进七　士 5 进 4

② 炮六退一　将 5 进 1

③ 炮六平一

第 50 题

① 兵二进一　马 9 进 8

② 车四平三　车 9 退 1

③ 车六平三

第 51 题

① 兵一平二　马 8 进 9

② 兵四平三　马 9 进 8

③ 马四进二

第 52 题

① 后炮平九　马 3 进 4

② 车四平三　车 1 进 2

③ 相七进九

第 53 题

① 炮二平四　将 6 平 5

② 炮四退一　马 9 进 8

③ 炮四平二

第 54 题

① 相五进三　士 5 进 4

② 炮三进六　将 5 进 1

③ 炮三退七

第 55 题

① 车六进一　士 6 进 5

② 车六退五　车 8 进 4

③ 车六平一

第 56 题

① 马六进五　炮 9 平 7

② 车三进一　车 3 平 7

③ 马五进三

第 57 题

① 马五进四　将 5 平 4

② 炮五平六　马 3 进 4

③ 马四进六

第 58 题

① 前兵平五　将 5 进 1

② 兵四进一　车 5 进 1

③ 车六平五

第 59 题

① 马八进七　马 3 退 4

② 相七退九　炮 3 退 4

③ 炮六进三

第 60 题

① 车五平三　车 6 平 8

② 车三进二　将 6 进 1

③ 炮五平七

第 61 题
① 车八进九　将 4 进 1
② 车八平四　车 6 平 9
③ 车四退三

第 62 题
① 马四进五　象 3 进 5
② 马六进五　车 6 平 7
③ 马五退三

第 63 题
① 炮六进二　炮 5 进 4
② 炮六平九　车 1 平 2
③ 炮九平八

第 64 题
① 马八退七　士 5 进 4
② 车三退一　将 6 退 1
③ 车三退一

第 65 题
① 车四进八　车 7 平 4
② 马八进七　将 5 平 4
③ 马七退六

第 66 题
① 兵八进一　车 2 平 1
② 兵八平九　车 1 进 1
③ 车六平九

第 67 题
① 车八进四　炮 6 进 2
② 兵七进一　炮 6 平 8
③ 车八平九

第 68 题
① 炮三平二　炮 8 平 7
② 车四平三　车 9 平 8
③ 炮二平六

第 69 题
① 马七进六　车 6 平 8
② 炮五平八　车 8 平 2
③ 车八进二

第 70 题
① 车二进六　炮 5 进 3
② 车八平六　炮 8 平 4
③ 车二进三

第 71 题
① 兵四进一　将 4 进 1
② 炮二退一　士 5 退 6
③ 炮二平七

第 72 题
① 炮七平三　车 4 退 4
② 车五平六　士 5 进 4
③ 炮三进四

第 73 题
① 兵六进一　车 4 退 3
② 炮二平六　炮 9 平 4
③ 车九退三

第 74 题
① 仕五进六　将 5 平 6
② 炮五平六　车 4 进 5
③ 炮六进八

第75题
① 车八退三　车3进4
② 车六平五　车6平5
③ 车八平五

第76题
① 车三平四　炮5平6
② 马六进四　士5进6
③ 马四退五　士4进5
④ 马五进六

第77题
① 车二平四　车5退2
② 炮一进一　士6退5
③ 车四平二　车4平6
④ 炮一平五

第78题
① 车七平六　炮4退1
② 炮五进五　将5进1
③ 车六平五　炮4平5
④ 车三平四

第79题
① 车三退三　车2平4
② 车三平二　车4退5
③ 车二平六　车6平8
④ 车六进三

第80题
① 车四平六　士5进4
② 车六进三　将4平5
③ 车六平五　士6进5

④ 车五平七

第81题
① 车二平六　马4进2
② 帅五平四　马2退3
③ 马六进七　车2平3
④ 帅四进一

第82题
① 兵四平五　马4进6
② 帅五平四　卒3平4
③ 帅四进一　将6平5
④ 车四进四

第83题
① 车四平八　炮1平4
② 车八退一　车3退2
③ 车八平六　将4平5
④ 车六退二

第84题
① 炮三进二　士5进4
② 炮三平八　炮4进3
③ 马四退六　车5退2
④ 马六进八

第85题
① 炮五平七　马5退3
② 车五平三　炮7平6
③ 车三进三　炮6退1
④ 炮七进五

第86题
① 车二平九　车2平1

② 车九进三　象3进1

③ 马六进五　马1退3

④ 马七进九

第87题

① 帅五平六　炮2退9

② 兵四平五　士6进5

③ 车六平五　将5平6

④ 车五平二

第88题

① 炮二平五　马9退7

② 车五平二　马7进5

③ 车二退六　马5进7

④ 帅五退一

第89题

① 车三进三　将6退1

② 炮九平四　车2平6

③ 车三进一　将6进1

④ 车三平二

第90题

① 车三平五　炮6进2

② 帅四进一　车9平7

③ 车五平七　马3进1

④ 车七退四

第91题

① 炮二退一　马6进5

② 相三进五　车3退5

③ 车三进一　炮6退1

④ 车三平四

第92题

① 车四平九　将5平6

② 车九进二　将6退1

③ 马七退六　将6平5

④ 马六退八

第93题

① 兵四进一　炮8进2

② 马一退二　车8进9

③ 相七进五　马6进8

④ 兵四平三

第94题

① 车六平八　车5进1

② 前炮进一　马2退4

③ 车八退一　马4退6

④ 车八平九

第95题

① 马八进六　车1平4

② 炮六进五　炮4退6

③ 车二退三　马4进5

④ 车二平三

第96题

① 车五进二　车3平5

② 兵五进一　车7进2

③ 炮五进五　将5进1

④ 车八平六

第97题

① 炮一进一　车7退3

② 车二平三　士5退6

③车三退一　象5退7

④车三退五

第98题

①马四退二　将5退1

②炮一平四　车6进2

③马二进三　车6退2

④马三进一

第99题

①炮五平六　马3进4

②车八进三　将4进1

③兵五进一　象7进5

④马四退六

第100题

①马六进八　车2进3

②炮八平三　象7进5

③车八进三　象5进7

④炮七进八

第101题

①炮八平五　象5退3

②车四进三　将5进1

③车四退一　将5退1

④车八进九

第102题

①马三退四　马6进4

②兵六平五　将5平6

③马四退五　炮7平6

④帅四进一

第103题

①马二进四　将5平6

②马四退六　士5进6

③马六进四　士4进5

④车马进三

第104题

①炮一平九　车1退2

②炮九进五　炮7平2

③车七进五　将5进1

④车七平八

第105题

①兵三平二　马9退8

②兵二进一　马8进6

③兵二平三　马6进5

④车六平五

第106题

①车九进三　士5退4

②车九平六　将5进1

③马五退四　炮4平6

④马四进三

第107题

①炮三平五　车6退1

②炮五进二　将5平6

③车六平四　车8平6

④炮五平九

第108题

①车四进五　车2平4

②前炮进四　炮1平7

184

③炮三进五　马5退3

④马七进八

第109题

①马三进二　马9退8

②车四平二　炮3进3

③相五退七　马8进6

④车二平四

第110题

①马五进七　卒7平8

②车二进一　车4退5

③车二平五　士6进5

④车五退一

第111题

①车六进五　马7退6

②马四进三　炮8退2

③车六退一　士6进5

④马三进四

第112题

①炮六平三　卒7平6

②炮五平八　炮3进6

③车二进一　车4平2

④炮三进三

第113题

①车二平七　炮7平8

②相三进五　炮1退1

③车七平八　炮1平9

④车八平一

第114题

①车三平七　马3退2

②车七平八　前马退3

③炮一退三　车5退1

④车八进三

第115题

①车二进五　车6退7

②车五平三　士5进6

③车二平四　将5平6

④车三进一

第116题

①车七进四　士5退4

②兵五进一　车4退1

③前马进四　车4平6

④车二平六

第117题

①车八退三　车8进3

②炮五退二　车8平4

③相三进五　车7进1

④炮六进六

第118题

①炮五平六　士5进4

②车九平七　马8进6

③车七进三　马6退4

④车七平六

第119题

①炮三平四　车6平2

②车二进一　车8进8

185

③ 炮八平二　车2进8

④ 马七退八

第120题

① 兵二平一　车9进1

② 车二平六　马4进5

③ 炮九平一　马5退3

④ 车六进一

第121题

① 后马进三　马8退6

② 马二退三　将5平6

③ 炮五平四　士5进6

④ 马三进四

第122题

① 炮三平二　马4进2

② 马三进四　炮2退2

③ 兵五进一　卒3进1

④ 炮二退六

第123题

① 车四进三　象3进5

② 炮一退一　炮6退5

③ 车四进一　将4退1

④ 炮一平七

第124题

① 炮六进二　炮5退2

② 马八退六　炮5平4

③ 马六退八　将4平5

④ 炮六退二

第125题

① 马五进四　车9平6

② 车二进二　将5进1

③ 车二退三　将5退1

④ 车二平一

第126题

① 炮五平九　卒3进1

② 炮九退四　马7进9

③ 车四平五　象7进5

④ 车五退二

第127题

① 兵三进一　车6进1

② 兵三平四　将5平6

③ 车二进二　将6进1

④ 兵六平七

第128题

① 帅五平六　象9退7

② 马七退八　车5进1

③ 车六进二　士6进5

④ 车六退二

第129题

① 马七进六　将6平5

② 马六进四　马7进5

③ 炮五平三　马5进7

④ 车六平九

第130题

① 马三进五　炮9平5

② 马六进五　象3进5

③马五进七　将5平6

④马七进九

第131题

①兵三进一　车2平9

②兵三平四　将6进1

③车二退六　炮6退3

④炮一平五

第132题

①车一退九　将6退1

②相九退七　卒3进1

③相七进五　车7退5

④车一平二

第133题

①兵四进一　炮1平6

②马一进二　将6平5

③车三平四　车5退4

④车四进二

第134题

①兵六平五　士4进5

②马六进七　将5平6

③马五退三　卒9进1

④马三进四

第135题

①马四进二　马5进6

②车一平四　将6平5

③车四退三　将5退1

④车四进四

第136题

①车九平四　炮3平5

②相七进五　车2平1

③车四进一　将6平5

④车四退三

第137题

①马五进三　炮8平7

②炮一平三　炮9退7

③炮三进二　炮9平5

④相三进五

第138题

①马二进三　卒4平3

②炮四进一　炮7平5

③兵五平四　将6平5

④兵四平三

第139题

①马三退一　将6退1

②马一退三　将6退1

③马三退四　炮8平6

④炮一平四

第140题

①车七进一　炮5退1

②炮九退一　马5退4

③炮九平六　炮5平3

④马七进六

第141题

①兵三平四　将5退1

②马四退五　车9平5

③前马退三　车5退2

④马三退一

第142题

①车四平八　炮2平3

②车八退五　象3退1

③马三退四　车4退4

④车八平七

第143题

①马五退七　车1平3

②兵四进一　车3进1

③兵五平六　将4平5

④兵六平七

第144题

①炮四进一　炮4平3

②炮四平七　炮3进4

③炮三平七　卒3进1

④马二退四　车8平7

⑤马七退六

第145题

①车八退一　将5进1

②车八平四　车6退4

③车七平五　将5平6

④车五平四　将6平5

⑤车四进二

第146题

①车八进二　将4进1

②马三进五　象7进5

③马五进七　炮3退4

④车八退一　将4退1

⑤车八平七

第147题

①车七进三　炮4退2

②仕四进五　马5退3

③车七退四　车2退6

④车七平六　车2平5

⑤炮五退二

第148题

①兵五进一　卒5进1

②炮六进四　卒3进1

③车二进一　车8进1

④炮六平二　马2进3

⑤兵九进一

第149题

①炮五退二　炮3进5

②相五退七　车2退3

③马三进五　车4平5

④马五退七　将4平5

⑤马七退五

第150题

①兵四平三　士5进6

②车四进三　将6平5

③兵三进一　炮5平3

④马七进八　象3退1

⑤兵三进一

第151题

①车六平一　士5退6

188

②车一进一　车6平4

③马二进四　车4平6

④车一进二　车6进1

⑤兵三平四

第152题

①马四进五　马7进6

②马五退三　士4进5

③前马退五　将6平5

④马五进七　将5平4

⑤炮四进三

第153题

①马三进二　车6退1

②马二进四　车6退1

③炮七进四　士4进5

④炮七平四　士5退6

⑤车二退四

第154题

①马八退六　车4退1

②车八退四　象5退3

③车八平六　炮4平1

④车六平五　象3进5

⑤车五进一

第155题

①车八进四　车6退6

②炮七平五　炮8进1

③马六进七　马1进2

④兵五平四　车6进1

⑤车八退二

第156题

①马七进五　车3平5

②炮八平五　马3进4

③车五平六　将6退1

④炮五进三　马4退5

⑤车六退二

第157题

①马五退七　将4进1

②车八退一　马4退6

③马七进九　象3进1

④车八进二　将4退1

⑤相五进七

第158题

①马五进六　炮5进1

②兵六进一　车6平2

③车四退二　车2退5

④车四平七　车2平4

⑤马七进五

第159题

①炮三平五　马6进8

②炮九平二　前炮平8

③炮二退五　车8退6

④车四平三　车8平7

⑤车三退一

第160题

①炮七平八　炮2退3

②车二平七　炮2平5

③车七退一　车6退5

④ 炮八退二　炮5进1

⑤ 车七进二

第 161 题

① 相九进七　士6进5

② 炮七进五　马3退4

③ 炮七退三　将4平5

④ 马八退六　将5平6

⑤ 马六退四

第 162 题

① 炮八平五　士6进5

② 车七进二　车4退3

③ 车七退二　炮4进5

④ 车七平五　车4平5

⑤ 车五退一

第 163 题

① 车七进一　士5退4

② 车七退五　炮5退3

③ 车七平四　车4平5

④ 帅五平四　炮5平6

⑤ 车四进三

第 164 题

① 车二进四　马7进8

② 车二进二　车6退2

③ 炮一平四　马8退7

④ 车二退五　马7退6

⑤ 车二平六

第 165 题

① 后炮平六　车1平4

② 车四退一　马3退2

③ 车四平六　马2退4

④ 炮五平六　将4平5

⑤ 炮六进二

第 166 题

① 炮九平八　车2进1

② 车三进二　炮2进5

③ 马八进六　士5进4

④ 车三平八　士4退5

⑤ 车八退六

第 167 题

① 后车平七　炮4平3

② 车七平三　炮3平4

③ 车三进六　车6退4

④ 车三平四　将5平6

⑤ 车五平二

第 168 题

① 后马进九　卒5进1

② 炮三平六　士5退6

③ 炮六平九　车3平1

④ 马七退九　马4进2

⑤ 炮九平四

第 169 题

① 车六平三　炮7平6

② 马五进四　车8平6

③ 车三进二　车1平2

④ 车八退一　车6进1

⑤ 兵二平三

190

第170题

① 炮五平四　士5退6

② 马三退四　马4退6

③ 马四进五　车6平7

④ 车二平三　马6退7

⑤ 马五进三

第171题

① 相七进九　车3平5

② 炮八平五　车5平2

③ 车八进四　车6平2

④ 炮五平九　将6退1

⑤ 帅六平五

第172题

① 炮七平九　炮9平5

② 相三进五　象5进3

③ 车九平五　马7进5

④ 炮五进二　士5进4

⑤ 炮九进八

第173题

① 炮六退一　将6退1

② 马四进二　炮7退2

③ 炮六平五　炮5平4

④ 帅六平五　马5退6

⑤ 炮八平三

第174题

① 车四退二　炮2平6

② 车八进九　马9进7

③ 车八平七　象5退3

④ 炮五进四　象3进5

⑤ 马五进四

第175题

① 炮五平四　马7进6

② 车六进一　车7平6

③ 仕五进四　马6进5

④ 车六平五　马5进3

⑤ 兵四平三

第176题

① 车七退一　车1退1

② 车五进六　士4进5

③ 车七平五　将5平4

④ 车五进一　将4进1

⑤ 车五平九

第177题

① 马八进七　炮3进4

② 车八进三　车4退5

③ 车八平六　将5平4

④ 车二进三　炮3退4

⑤ 车二退一

第178题

① 炮二平五　车4退2

② 车一平四　象7进9

③ 炮五平二　炮6平2

④ 炮二进七　将5进1

⑤ 炮五退一

第179题

① 车四进三　将5平6

191

②马三进五　前车退4

③车二平三　将6进1

④马五退三　将6进1

⑤车三平七

第180题

①炮五进四　马7进5

②车二平五　象3进5

③炮七平五　士4进5

④车五平八　车2进3

⑤车八进六

第181题

①车八进二　士5退4

②炮九进三　将5进1

③车八退一　将5进1

④炮九平八　车2平4

⑤车八退六

第182题

①马六进八　车6平2

②炮五进四　马7进5

③车二平五　车2进3

④兵七进一　象3进5

⑤兵七平八

第183题

①马四进六　将5平6

②车七平四　将6平5

③车四平九　将5平6

④马六退四　将6平5

⑤车九退二

第184题

①车六平八　马2进1

②车八进四　车5退2

③车八平九　将4退1

④车九平八　车5平1

⑤仕六退五

第185题

①炮九进三　士5退4

②车八平七　车5退1

③车八进四　车8平5

④车八平五　车5进1

⑤马四退三

第186题

①炮四退一　车2进1

②车九退三　车2平3

③车六进一　车3进2

④车六退一　车3平4

⑤仕五退六

第187题

①车九平五　士4进5

②马八退六　车3进1

③车三平七　马4进3

④马六退八　马3进5

⑤兵五进一

第188题

①马七进六　车5退1

②车八进一　炮3退1

③车八退六　炮3进2

④车八平五　炮3平4

⑤车五平一

第189题

①马六进五　将5进1

②车八平六　马6进8

③炮六平五　象3退5

④车六退八　马8进6

⑤车六平九

第190题

①车五平八　车4进3

②炮四进三　象5退3

③后兵进一　车4进2

④马九进七　车4退1

⑤车八进二

第191题

①炮九平七　车3平4

②炮八平六　卒7进1

③车二平一　马8进6

④炮六退三　马6进4

⑤炮七平二

第192题

①兵一进一　马9退8

②车五进三　士4退5

③车五平三　炮7平6

④车三进三　马8进9

⑤兵一进一

第193题

①兵五进一　士4进5

②车三进四　将6退1

③兵五进一　车6进3

④仕五进四　士6退5

⑤车三平五

第194题

①炮三平七　马8进9

②相五退七　马9进7

③帅五平四　马7退8

④炮七进二　车2平6

⑤仕五进四

第195题

①马三退四　将5平4

②马四退五　车4平5

③马五进七　车5平3

④车四退五　车3进1

⑤车四平八

第196题

①车三退一　车5退1

②车三平七　炮6进8

③车七进一　车5进1

④车七退四　炮6退3

⑤马三退四

第197题

①车九进一　炮3退1

②马三退五　车3退1

③炮五退四　车3平5

④车九平七　将4进1

⑤炮五平八

第198题

① 马五进六　将6平5

② 车九退一　后炮进1

③ 马六退七　车2平5

④ 车九平八　将5退1

⑤ 车八退六

第199题

① 炮三平二　马8退6

② 兵二平一　象7退9

③ 炮一退二　士5进6

④ 马三进一　将5退1

⑤ 炮一退六

第200题

① 炮三平五　马6进8

② 炮九平二　前炮平8

③ 炮二退五　车8退6

④ 车四平三　车8平7

⑤ 车三退一

第201题

① 马六进五　马3进5

② 前炮平二　炮7平8

③ 炮五进三　象5进7

④ 炮五平二　马5退6

⑤ 马三退四　炮8进2

⑥ 马四退二

第202题

① 兵三进一　卒9平8

② 炮二进一　马4进5

③ 炮二退二　炮9退6

④ 炮二进三　炮9退2

⑤ 兵三平四　士5进6

⑥ 马六进五

第203题

① 炮八进六　车8进2

② 炮八平四　马5退6

③ 车四进三　马6进5

④ 车四平二　马5退7

⑤ 后车平三　士5进4

⑥ 马五进六

第204题

① 炮七进二　将5平6

② 前炮平四　将6进1

③ 炮七平四　马7进6

④ 马三退二　士5进4

⑤ 兵四进一　将6平5

⑥ 马二退四

第205题

① 炮四平五　马2退3

② 车九平三　将5平4

③ 车三退一　马3退5

④ 车三平五　马5退7

⑤ 炮五进三　炮4退1

⑥ 兵四进一

第206题

① 炮八平七　车7平8

② 车四平五　炮5退2

③车五平三　炮7平9
④马二退四　车8进5
⑤车三进六　士5退6
⑥炮七进六

第207题
①炮一进一　马9退8
②炮七进一　车2进5
③仕五退六　炮6平9
④炮七平二　车2退3
⑤车五平八　马3进2
⑥马二进一

第208题
①马三进四　马6退8
②马四退五　将4进1
③炮一退一　士4退5
④马五进七　马8进6
⑤车四进一　马2退3
⑥车四退二

第209题
①炮八进二　炮6平4
②马六进四　炮4平6
③兵二平三　士4进5
④兵三进一　士5进6
⑤兵三平四　将5平4
⑥兵四进一

第210题
①车三进一　将5进1
②马二进三　将5平4

③炮二进五　士6退5
④马三进五　士5退6
⑤马五退六　将4进1
⑥车三平四

第211题
①兵四平五　炮5平7
②炮五平六　炮7退1
③马六退八　炮4平3
④马八退六　炮3平4
⑤兵五平六　将4平5
⑥马六进七

第212题
①炮六进五　士5进4
②兵四进一　士4进5
③兵四进一　卒3进1
④相五进七　车2退1
⑤兵四进一　士5退6
⑥马七进六

第213题
①马三进二　车4退1
②车四平八　炮8平7
③马二进四　将5进1
④车八进七　将5进1
⑤马四退三　车4平3
⑥车八平三　车3进1
⑦车三退一

第214题
①马四进六　马2退1

② 车七平五　车2进2
③ 车二进四　车6退8
④ 车二平四　将5平6
⑤ 马七进八　炮5平6
⑥ 帅六平五

第215题
① 车六平九　卒1进1
② 车二进一　炮3进5
③ 马八进七　车6进3
④ 车二进二　车6退3
⑤ 车二平四　将5平6
⑥ 相五进三

第216题
① 马二进三　马7退8
② 车二进三　象9退7
③ 车二平三　车6退4
④ 仕五进四　卒6平5
⑤ 炮一平四　士5退6
⑥ 车三退四

第217题
① 马四退六　将5平6
② 炮六平四　马5进6
③ 炮四进二　炮2平7
④ 马六进四　将6平5
⑤ 马四进三　将5平6
⑥ 帅六平五

第218题
① 车四进二　车3平7

② 车二平三　车3进4
③ 相五进三　车3平6
④ 车三平一　车7进3
⑤ 炮三退八　车6退5
⑥ 车一退三

第219题
① 马五退三　炮8退1
② 马二进四　士5进6
③ 马三进四　炮8平6
④ 车一平五　将5平6
⑤ 马四进六　炮6平5
⑥ 车五进二

第220题
① 炮六进三　马8退6
② 炮六平八　车1平2
③ 车九平七　马6退4
④ 炮五平九　车2退1
⑤ 炮九进四　车2退4
⑥ 车七平九

第221题
① 炮四进二　车8平6
② 炮五退一　卒7平8
③ 炮五平四　炮7退7
④ 马六退五　象7进9
⑤ 炮四进二　士5进6
⑥ 车四进二

第222题
① 马五退四　马5进6

196

②车五退三　车8平6

③马四进二　炮8平4

④车五平四　炮4退1

⑤车四进二　将6平5

⑥马二进一

第223题

①马三进五　车8平5

②炮五进二　炮5进2

③马五进三　炮9平5

④车三平五　卒3进1

⑤马三进五　炮5进2

⑥车五退一

第224题

①炮二进七　士4进5

②炮一进三　炮5平7

③车四进三　车5平8

④车四平三　车8退5

⑤车三进一　车8平9

⑥车三平七

第225题

①前炮进一　士6进5

②马七进五　炮5进4

③前炮平二　车8退3

④车三进二　士5退6

⑤车三退一　车8退1

⑥车三平四

第226题

①炮四进六　炮3进1

②帅六进一　车8进5

③车三平六　车8平7

④相五进三　车7退1

⑤炮六退三　将4平5

⑥车六平三

第227题

①马八进七　车3进1

②车六进三　将5进1

③马三进二　马9退7

④马二进四　马7进6

⑤马四进六　马6退4

⑥车六退二

第228题

①炮三平六　士5进4

②兵七进一　卒5进1

③兵七平六　马4进6

④兵六平五　马6进5

⑤炮六进六　将4进1

⑥车六进一

第229题

①马二进三　将5进1

②车七进二　炮4退3

③马三退四　将5退1

④车七平六　马4进3

⑤帅五平四　士6进5

⑥炮八平三

第230题

①炮八平五　炮8平5

② 炮五退二　车3进3

③ 车四平二　炮8平6

④ 车二进七　卒3进1

⑤ 炮一退一　马3进4

⑥ 炮一平四

第231题

① 马六进七　车2平3

② 兵五进一　象3进5

③ 马七进五　车3平4

④ 马五退三　车4平5

⑤ 车四进四　车5进2

⑥ 车四平三

第232题

① 炮一平五　将5平4

② 车一平六　士5进4

③ 车六进二　炮6平4

④ 马三退五　士6退5

⑤ 车六平七　炮4平3

⑥ 马五进七　马1退3

⑦ 车七进一

第233题

① 车四进七　炮3退1

② 车二进一　炮3平6

③ 车二进二　炮6平7

④ 炮三进二　炮7进2

⑤ 车二退三　马5进7

⑥ 车二平三　马7退5

⑦ 仕四进五

第234题

① 炮九进六　车6进1

② 车六退六　炮5进6

③ 车六平七　将6平5

④ 炮九退六　炮5平4

⑤ 车七进六　炮4退6

⑥ 车七平六　将5进1

⑦ 炮九退一

第235题

① 炮七平三　马5退7

② 车四退一　车4退2

③ 车九平四　炮9平6

④ 车四平六　车4进5

⑤ 马五退六　象7进9

⑥ 兵三进一　炮6进1

⑦ 车四进一

第236题

① 车九平二　马8进9

② 车二进六　后炮平6

③ 炮四进五　士5进6

④ 马六进五　马3进5

⑤ 炮五进四　士4进5

⑥ 马四退三　车2平1

⑦ 车二平一

第237题

① 车八平三　车4平5

② 马二进三　炮2平7

③ 车三进四　车5退4

④ 车三进一　车5平8

⑤ 炮二平一　马4退6

⑥ 车三退六　车8退2

⑦ 炮一退二

第238题

① 车八进五　炮7进3

② 帅六进一　车6进4

③ 车八平三　象7进5

④ 炮五进五　象3进5

⑤ 马九进七　将5平6

⑥ 马七退五　炮7平5

⑦ 车三退五

第239题

① 炮七平二　士4进5

② 马二进三　将5平4

③ 炮四平六　炮4平1

④ 车三平六　马6进4

⑤ 车六平二　马4进2

⑥ 炮二退三　炮7退5

⑦ 相三退五

第240题

① 车八进三　车4平3

② 马七进八　车3退6

③ 车八平一　车3平4

④ 炮九平六　将5平4

⑤ 车一平六　将4平5

⑥ 车六退一　士6进5

⑦ 车六平九

第241题

① 兵七进一　士5进4

② 仕四进五　马9进7

③ 兵七平六　马7进5

④ 兵六平五　车7平5

⑤ 车七进三　将5进1

⑥ 车七退一　将5退1

⑦ 兵五进一

第242题

① 车九平六　炮3进3

② 马六进五　马6退5

③ 车六退四　车2进2

④ 帅五平六　卒1进1

⑤ 马五进三　炮3平4

⑥ 车六平九　车2退2

⑦ 车五进一

第243题

① 车七进一　将6进1

② 车七平八　炮2平1

③ 车八退八　车6进1

④ 车八平九　车6平4

⑤ 马六进五　车4退2

⑥ 车九退一　将6平5

⑦ 车九平八

第244题

① 炮五进五　士5进4

② 马五进三　车3进5

③ 炮五退四　车3进1

④帅六进一　车3退3
⑤马三进四　将5进1
⑥炮五平九　车3平1
⑦车三平四

第245题
①车七进三　车2平4
②车七平六　车4退4
③马二进三　将5平6
④车二平四　士5进6
⑤车四进四　车4平6
⑥车四进一　将6进1
⑦马三进一

第246题
①炮九退四　车5进1
②马六进四　车5平6
③马四进三　车6退4
④炮九进四　将5平6
⑤炮五进六　车6平7
⑥车六进六　将6进1
⑦炮五平三

第247题
①兵七平六　炮3平5
②车八平六　车5平2
③帅五平六　将5平6
④兵六进一　士5退4
⑤车六进三　将6进1
⑥车六退一　士6退5
⑦炮九退一

第248题
①炮四进三　士5进6
②炮四平六　士4退5
③炮六退三　炮5进1
④兵五平六　士5进4
⑤兵六平七　士4退5
⑥马七退六　将4平5
⑦兵七进八

第249题
①马五进三　马5退6
②车一平六　车2进4
③炮五退一　炮3平2
④车六退四　炮2退2
⑤兵七进一　卒3进1
⑥前炮平八　炮5进2
⑦炮八进一

第250题
①车二平三　马7进6
②车三进三　炮6退1
③车三退二　炮6进5
④车三平二　车2平4
⑤车二进二　炮6退5
⑥炮五平四　马6退8
⑦车二退七

第251题
①炮八平五　炮2进9
②相九退七　炮2退6
③车一进六　将5平6

④ 炮三平六　将6进1

⑤ 车一退一　将6退1

⑥ 炮五进六　士4退5

⑦ 车一平五

第252题

① 车七进二　卒1进1

② 车六平九　车8进9

③ 车九退一　车8平7

④ 炮五进二　车7退2

⑤ 车七平九　车7平5

⑥ 马九进七　车5退1

⑦ 前车平八

第253题

① 炮五平六　车7进2

② 马六退四　士4退5

③ 马四进五　将4进1

④ 车五退一　炮6退3

⑤ 炮六进一　车7平5

⑥ 马五退七　炮6平3

⑦ 车五退四

第254题

① 炮一平五　马6进4

② 帅五平四　车8退3

③ 炮五退一　马7退5

④ 车三平四　车8平7

⑤ 马三进二　卒1进1

⑥ 马二进三　车7平8

⑦ 车四平五

第255题

① 马三进二　炮8平6

② 炮七平二　车8平9

③ 炮二平三　马7进8

④ 马二退三　车2进4

⑤ 车三平二　马8退7

⑥ 车二平四　炮6进3

⑦ 车二平四

第256题

① 炮八进五　马3进2

② 车六平八　马2退4

③ 炮八平九　将4平5

④ 车八进三　将5进1

⑤ 车八退一　车6进5

⑥ 炮九退一　将5退1

⑦ 车八平六